逯 杰 ◎编

图鉴
美军部队标识

电子工业出版社
Publishing House of Electronics Industry
北京·BEIJING

内 容 简 介

本书以美军现役部队为基准，通过互联网等公开渠道收集了大量美军国防部、参联会、各军兵种部队的特色徽章（标识），并按照美军领导指挥机构、陆军、海军陆战队、海军、空军的顺序进行了归类和整理，力求向读者展现较为完整的美国军队标识体系，使读者在了解美军部队力量构成的同时，可以通过各种标识、徽章来对照查询、识别美军部队身份。由于信息渠道等原因，本书所列徽章标识可能存在遗漏和不完全之处。

本书适合军事理论研究人员、外军情报研究人员及军事爱好者阅读。

未经许可，不得以任何方式复制或抄袭本书之部分或全部内容。
版权所有，侵权必究。

图书在版编目（CIP）数据

美军部队标识图鉴 / 逯杰编.—北京：电子工业出版社，2023.3
ISBN 978-7-121-41349-0

Ⅰ. ①美… Ⅱ. ①逯… Ⅲ. ①军队标识－美国－图集 Ⅳ. ①E712.27-64

中国版本图书馆 CIP 数据核字（2021）第 123375 号

责任编辑：刘小琳　　　特约编辑：韩国兴
印　　刷：北京盛通印刷股份有限公司
装　　订：北京盛通印刷股份有限公司
出版发行：电子工业出版社
　　　　　北京市海淀区万寿路 173 信箱　　邮编 100036
开　　本：787×1 092　1/16　印张：26.25　字数：545 千字
版　　次：2021 年 7 月第 1 版
印　　次：2023 年 3 月第 3 次印刷
定　　价：398.00 元

凡所购买电子工业出版社图书有缺损问题，请向购买书店调换。若书店售缺，请与本社发行部联系，联系及邮购电话：（010）88254888，88258888。

质量投诉请发邮件至 zlts@phei.com.cn，盗版侵权举报请发邮件至 dbqq@phei.com.cn。

本书咨询联系方式：（010）88254538，liuxl@phei.com.cn。

  标识作为人类社会文化发展的重要元素，有着悠久长远的历史。在原始社会，人类部落就形成了各种形式的图腾，用来区分不同的部落团体。随着人类历史的演进，各种图腾标识逐渐发展成为代表人类社会各种组织、机构和团体的标志，各国家的国旗就是大家最为熟知的典型代表。军事作为伴随人类社会发展的重要社会活动，是人类集体活动的重要形式之一，在其发展的历史过程中，也逐步形成了具有特色的军事文化。其中，军队标识作为军队文化的重要组成部分，也广泛融入各国军队建设之中。世界各国军队都有代表各军兵种、各类部门和各级作战部队的特色鲜明的标识文化，既有利于增强军队的荣誉感和凝聚力，也便于相互之间的身份识别。美军在这方面的建设可谓独具特色，各军种、部门和各级部队的标识已经形成了独特的标识体系，并且具有较强的历史传承性。

  目前，美国正在积极调整并重新布局全球军事力量，随着一些部队由"休眠"状态转入现役，其部队标识也随之被重新启用。了解美军的部队标识可用于通过标识掌握美军作战力量的动态。国内目前尚无正式出版且较为全面的图册可用于对美军部队的身份进行识别。本书通过互联网等公开渠道，以美军现役部队为目标，收集了大量美军国防部、参联会、各军兵种部队的标识，并进行了较为准确的识别和归类整理，力求展现给读者较为完整的美国军队标识体系，在使读者了解美军部队力量构成的基础上，便于对照查询、识别美军部队的身份。本书适合军事理论研究人员、外军情报研究人员及军事爱好者阅读。

  由于作者水平和能力有限，难免存在疏漏和谬误之处，望各位读者批评指正，多提宝贵意见。

编 者

第一部分　美军领导指挥机构徽章标识 ··· 001
一、概述 ··· 002
二、国防部、参联会徽章标识 ··· 002
三、战区总部徽章标识 ··· 003
四、职能司令部徽章标识 ··· 003
五、军种部徽章标识 ··· 004

第二部分　陆军徽章标识 ··· 005
一、美国陆军基本情况 ··· 006
　（一）领导机构 ··· 006
　（二）美国陆军部队编成 ··· 007
二、美国陆军徽章标识 ··· 008
　（一）部队特色单位徽章 ··· 008
　（二）部队特色单位徽章的发展历程 ····································· 008
　（三）部队特色单位徽章的使用规定 ····································· 009
三、本书美国陆军特色单位徽章标识 ··· 009
　（一）陆军领导机构徽章标识 ··· 010
　（二）集团军徽章标识 ··· 012
　（三）军徽章标识 ··· 013
　（四）师徽章标识 ··· 013
　（五）旅徽章标识 ··· 016
　（六）旅级战斗队徽章标识 ··· 040

　　　　（七）团徽章标识……………………………………………………041
　　　　（八）大队徽章标识…………………………………………………074
　　　　（九）营徽章标识……………………………………………………084
　　　　（十）部队编成司令部徽章标识……………………………………143
　　　　（十一）医院徽章标识………………………………………………149

第三部分　海军陆战队徽章标识……………………………………151

　　一、美国海军陆战队基本情况…………………………………………152
　　　　（一）领导机构………………………………………………………152
　　　　（二）美国海军陆战队部队编成……………………………………153
　　二、美国海军陆战队徽章标识…………………………………………153
　　三、本书海军陆战队徽章标识…………………………………………154
　　　　（一）司令部机构徽章标识…………………………………………155
　　　　（二）海军陆战队作战编组徽章标识………………………………156
　　　　（三）海军陆战队地面作战部队徽章标识…………………………157
　　　　（四）海军陆战队航空兵部队徽章标识……………………………173

第四部分　海军徽章标识……………………………………………187

　　一、美国海军基本情况…………………………………………………188
　　　　（一）领导机构………………………………………………………188
　　　　（二）美国海军部队编成……………………………………………189
　　二、美国海军徽章标识…………………………………………………190
　　三、本书美国海军徽章标识……………………………………………191
　　　　（一）海军领导机构徽章标识………………………………………191
　　　　（二）海军舰队部队徽章标识………………………………………195
　　　　（三）水面舰艇徽章标识……………………………………………201
　　　　（四）潜艇徽章标识…………………………………………………213
　　　　（五）舰艇基地徽章标识……………………………………………219
　　　　（六）海军航空兵部队徽章标识……………………………………220
　　　　（七）海军航空站徽章标识…………………………………………238

第五部分　空军徽章标识 …… 243

一、美国空军基本情况 …… 244
（一）领导机构 …… 244
（二）美国空军部队编成 …… 245
二、美国空军徽章标识 …… 246
三、本书美国空军徽章标识 …… 246
（一）空军司令部及附属机构徽章标识 …… 247
（二）空军航空队徽章标识 …… 252
（三）空军联队徽章标识 …… 253
（四）空军大队徽章标识 …… 271
（五）空军中队徽章标识 …… 290

第一部分
美军领导指挥机构徽章标识

一、概述

美国国防体制是总统和国防部长统一领导下的作战指挥和建设管理双轨制。作战指挥系统由总统和国防部长通过各联合作战司令部对三军部队实施作战指挥；建设管理系统由总统和国防部长通过军种部和军种参谋部（海军作战部、海军陆战队司令部）统管三军行政管理、部队建设、战备训练、兵役动员、武器采购和后勤事物等。

美国国防部正式成立于 1949 年，为美国政府的一个内阁级行政部门，是美国总统领导与指挥美国武装力量的最高统帅机关。国防部长为文职官员，由总统在征得参议院同意后任命，是总统处理国防事务的首席助理，对国防部有管理、领导和指挥权。参联会是美国总统和国防部长的最高军事咨询机构，成员包括主席、副主席、陆军参谋长、空军参谋长、海军作战部长、海军陆战队司令和国民警卫队局局长。参联会下设联合参谋部为其办事机构，直属参联会主席领导。

陆、海、空军种部直属国防部，部长均为文官，负责本军种建设规划的制定和落实。军种参谋长（海军作战部长、海军陆战队司令）为本军种最高军事首长，上将军衔，任期一般为 4 年，应首先履行其作为参联会成员的职责。

美军现设 11 个联合作战司令部，包括北方总部、南方总部、欧洲总部、非洲总部、印太总部和中央总部 6 个战区总部，以及战略司令部、运输司令部、网络司令部、特种作战司令部和太空司令部 5 个职能司令部。战区总部负责制定战区战略和作战计划，组织指挥联合作战行动和联合演习，协调战区政治、外交及军事安全事务等；职能司令部负责相关职能领域内的作战指挥，其职责不受地域限制。

二、国防部、参联会徽章标识

国防部徽章

国防部长旗帜

国防部副部长旗帜

第一部分　美军领导指挥机构徽章标识

　　参联会徽章 　　　　参联会主席旗帜　　　参联会副主席旗帜　　参联会高级顾问旗帜

三、战区总部徽章标识

　　　北方总部　　　　　　　南方总部　　　　　　　欧洲总部

　　　非洲总部　　　　　　　印太总部　　　　　　　中央总部

四、职能司令部徽章标识

　　　战略司令部　　　　　　运输司令部　　　　　　网络司令部

特种作战司令部

太空司令部

五、军种部徽章标识

陆军部长旗帜

陆军徽章

陆军参谋长旗帜

海军部长旗帜

海军徽章

海军作战部长旗帜

空军部长旗帜

空军徽章

空军参谋长旗帜

第二部分

陆军徽章标识

美军部队标识图鉴

陆军旗帜

陆军徽章

一、美国陆军基本情况

美国陆军（United States Army）前身是北美独立战争爆发时组建的"大陆陆军"，于1775年11月由北美大陆会议授权成立，独立战争结束后曾一度解散。1789年8月，美国国会批准成立陆军部，并重新正式组建美国陆军。根据1920年美国颁布的《国防法》，美国陆军主要由正规陆军、国民警卫队、陆军后备队组成，负责为"必要时诉诸战争或者在缺乏战争的条件下，诉诸军事作战"而准备必要的陆上军事力量，并集成一体化的联合机动计划相互衔接，同时负责和平时期陆军军种的扩展，以满足战争的需要。

（一）领导机构

领导管理司令部，即管理陆军部队建设发展事务的司令部，现有4个，分别为陆军部队司令部、陆军未来司令部、陆军器材司令部、陆军训练与条令司令部，负责陆军部队的准则拟制、教育训练、作战评估、后勤设施、装备采购、技术支援、后备人力、未来发展等事务。其中，陆军未来司令部于2018年8月24日正式组建，由原陆军工程兵司令部、陆军试验与评估司令部、隶属于陆军器材司令部的陆军研究实验室及隶属于陆军训练与条令司令部的陆军能力一体化中心等重组构成，与美国陆军部队司令部、陆军器材司令部、陆军训练与条令司令部并列为陆军四大一级司令部。

作战指挥司令部，即由美军联合作战司令部所属陆军组成司令部，负责某个战区或职能领域内陆军部队组织管理和作战指挥事务，现包括太平洋陆军司令部、欧洲总部陆军司令部、非洲总部陆军司令部、中央总部陆军司令部、北方总部陆军司令部、南方总部陆军司令部、陆军特种作战司令部、陆军地面部署与分发司令部、陆军航天与导弹防御司令部、陆军战略司令部和陆军网络空间司令部。其中，陆军网络空间司令部于 2016 年 7 月正式升格为陆军军种组成司令部，负责指导和实施陆军网络空间作战行动。

专业司令部/直属单位，即直属陆军参谋部的专业司令部或单位，现有 13 个，分别为采购支援中心、阿灵顿国家公墓、工兵局、刑事调查司令部、人力资源司令部、设施管理司令部、情报与保密司令部、市场营销与参与旅、医务司令部、美国军事学院（西点军校）、华盛顿特区司令部、试验与评估司令部和陆军战争学院，负责承办相关专业事务。

（二）美国陆军部队编成

美国陆军现役部队编组区分集团军、军、师、旅/团、营、连、排、班/分排等。

1. 集团军

美国陆军现有第 1、3、5、6、7、8 共 6 个称为"集团军"的单位，其中，第 3、5、6、7 集团军兼任中央总部、北方总部、南方总部、欧洲总部陆军司令部。

2. 军

美国陆军编有 4 个军司令部，分别为第 1 军司令部、第 3 军司令部、第 5 军司令部和第 18 空降军司令部。

3. 师

美国陆军现编有 11 个现役师，分别为第 1 装甲师、第 1 装甲骑兵师、第 1 步兵师、第 2 步兵师、第 3 机械化步兵师、第 4 机械化步兵师、第 7 步兵师、第 25 步兵师、第 10 山地步兵师、第 82 空降师、第 101 空中突击师。

4. 旅/团

在美国陆军编制中，师以下为旅，旅以下为营，师编制中并无"团"级单位，部队番号中出现所谓"×团×营"，只是沿袭历史上的荣誉称号。美国陆军现役部队中有 6 个称作"团"的单位，其中，第 2、3 骑兵团已改编成中型作战旅，但仍沿用"团"的番号；第 3 步兵团、第 11 装甲骑兵团、第 75 别动团和第 160 特种作战航空团为独立团。

 美军部队标识图鉴

二、美国陆军徽章标识

（一）部队特色单位徽章

部队特色单位徽章（Distinctive Unit Insignia，DUI）是美国陆军士兵佩戴的金属材质徽章。部队特色单位徽章的设计脱胎于部队纹章。部队特色单位徽章也被士兵或收藏家称为"特色徽章""徽章"或"部队徽章"。此类徽章由美国陆军纹章学院负责设计、研制和授权。

（二）部队特色单位徽章的发展历程

1902年12月31日，原美国战争部发布132号一般性命令，允许包括战争部人员、参谋、炮兵、步兵、骑兵等人员在礼服外套上佩戴特色装饰。该命令一直执行至1911年12月26日《陆军着装规定》颁布，然而该规定中并没有关于特色装饰的条文。1920年4月29日，原美国战争部发布161号通知，授权人员在白色制服领口和礼服翻领上佩戴原美国战争部批准的部队纹章或徽章。

1921年，原美国战争部发布的244号通知说明："原则上批准陆军和国民警卫队部队人员在制服上佩戴特色徽章或饰物，作为增进士气和保持历史传统的一种手段。"众多具备独有旗帜的部队大都采用了具有特定历史含义的纹章。纹章一旦获批，将成为部队新旗帜的基本构成元素，并在原有旗帜退出使用后加以取代。部队人员在领口佩戴纹章，取代原有的部队徽章、军种部徽章、军种徽章，这就是部队特色单位徽章的雏形。1922年3月18日，第51岸防炮兵团成为首个获批使用部队特色单位徽章的部队。该团的部队特色单位徽章由射击助理员兼军士长爱德华·昆设计，他同时也是一名画家，当时负责部队的纹章设计工作。

直至1965年，只有团和独立营一级部队才有资格拥有纹章和部队特色单位徽章。目前，美国所有主要司令部、战地医院、军、后勤司令部和某些其他部门和团体都有权拥有特色单位徽章。部队指挥官负责向陆军纹章学院提交特色单位徽章的申请，陆军纹章学院对部队传承和荣誉声明，或部队历史进行核实。如果缺少部队历史，陆军纹章学院将从美国陆军军事历史中心调取，并随后对该部队的历史进行审核，决定该部队是沿袭原有的特色单位徽章，还是重新设计。如果需要重新设计，陆军纹章学院将仔细研究该部队的历史和战斗荣誉。部队特色单位徽章的设计将体现该部队最重要的

嘉奖、荣誉、作战经历和任务，某些特色单位徽章的设计还蕴含了部队 200 年来的历史。徽章设计意见稿将提交给该部队指挥官进行审核和同意。一经部队指挥官同意，陆军纹章学院将向该部队下发批准拥有部队特色徽章的官方认可文件。

（三）部队特色单位徽章的使用规定

美国陆军具备独有旗帜的部队，如团和连，才可以使用含有盾牌元素的特色单位徽章；不具备独有旗帜的部队只能使用其他设计元素。特色单位徽章的设计基于该部队的参战、编配情况和取得的军事成就。卡通人物或标志不可作为徽章的设计元素。徽章使用标记而非实际装备体现该部队曾参与的任务，以免装备过时淘汰。部队呼号、数字、字母、地理轮廓及其他徽章也不可作为徽章的设计元素。

特色单位徽章一旦获得批准，只能在发现纹章有历史性错误时才可更改，不可由于部队番号或任务的变化而更改。因此，特色单位徽章更能够反映部队的历史根源。例如，许多较老的军事情报营的特色单位徽章都采用了蓝绿色而不是东方蓝，而蓝绿色本身是陆军安全局未分配部队使用的颜色。同样，创建之初是信号部队的单位，其特色单位徽章中通常都有橙色。作为部队所属兵种更换但特色单位徽章不更换的范例，第 221 宪兵营的兵种更换次数多达 6 次。如果某营或某团在得到特色单位徽章时不具备独有旗帜，具备独有旗帜后也不可以在特色单位徽章上添加盾牌元素。这一规定不仅涵盖缩编的集团和旅，也包括灵活编制的营（如配属了多个非建制连的营）。这些部队在 20 世纪 90 年代后期才获批拥有纹章和独有旗帜，但在很长时间以前就已经拥有了特色单位徽章。

特色单位徽章的制造图纸和规格将发送给经过认证的制造商，该制造商将制作特色单位徽章样品供陆军纹章学院审核。样品一旦审核通过，制造商便可以开始生产。特色单位徽章背面印有陆军纹章学院授予制造商的徽记，可用于识别徽章的生产厂家。

三、本书美国陆军特色单位徽章标识

本书所展示的美国陆军特色单位徽章数量远远多于美军现役部队数量，涉及各种领导机构和各级部队。如前文所述，美军目前有些级别的部队已经不存在了，如大队、团等。之所以把这些徽章都收纳进来，一方面是为了全面展示美国陆军徽章种类和数量的丰富程度；另一方面是有些部队依然会佩戴本部队所传承的徽章，以铭记部队的历史。因此，读者应加以辨别。

（一）陆军领导机构徽章标识

1. 陆军领导管理司令部徽章标识

陆军部队司令部　　　陆军未来司令部　　　陆军器材司令部　　　陆军训练与条令司令部

2. 陆军作战指挥司令部徽章标识

太平洋陆军司令部　　欧洲总部陆军司令部　　非洲总部陆军司令部　　中央总部陆军司令部

北方总部陆军司令部　　南方总部陆军司令部　　陆军特种作战司令部

陆军地面部署与分发司令部　　陆军航天与导弹防御司令部　　陆军网络空间司令部

第二部分　陆军徽章标识

3. 陆军专业司令部/直属单位徽章标识

陆军刑事调查司令部　　陆军医务司令部　　陆军华盛顿特区司令部　陆军情报与保密司令部

陆军后备队司令部　　陆军工程兵司令部　　军事援助司令部　　合成部队支援司令部

太平洋总部特种作战司令部　中央总部特种作战司令部　南方总部特种作战司令部　欧洲总部特种作战司令部

非洲总部特种作战司令部　特种作战航空司令部　陆军联合特种作战司令部 　陆军民事与心理战司令部

美军部队标识图鉴

韩国特种作战司令部　　信息系统工程司令部　　信息系统司令部　　信息与数据系统司令部

安全事务司令部　　发展试验司令部　　航空与导弹司令部　　运输司令部

人员招募司令部　　试验与评估司令部　　预备役司令部　　作战支援司令部

（二）集团军徽章标识

第1集团军　　第2集团军　　第3集团军　　第5集团军

第二部分 陆军徽章标识

| 第6集团军 | 第7集团军 | 第8集团军 | 第9集团军 |

（三）军徽章标识

| 第1军 | 第3军 | 第5军 |

| 第7军 | 第9军 | 第18空降军 |

（四）师徽章标识

1. 装甲师徽章标识

| 第1装甲师 | 第2装甲师 | 第3装甲师 |

美军部队标识图鉴

第 1 装甲骑兵师

第 49 装甲师

2. 步兵师徽章标识

第 1 步兵师

第 2 步兵师

第 3 机械化步兵师

第 4 机械化步兵师

第 5 步兵师

第 6 步兵师

第 7 步兵师

第 8 步兵师

第 9 步兵师

第 10 山地步兵师

第 23 步兵师

第 24 步兵师

第二部分　陆军徽章标识

第 25 步兵师　　　第 28 机械化步兵师　　　第 29 步兵师　　　第 34 步兵师

第 35 步兵师　　　第 36 步兵师　　　第 38 步兵师　　　第 40 机械化步兵师

第 41 步兵师　　　第 42 步兵师　　　第 75 步兵师

第 92 步兵师　　　第 100 步兵师

3. 空降/空中突击师徽章标识

第 82 空降师　　　　　　　　第 101 空中突击师

4. 训练师徽章标识

  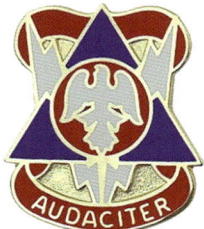 

第 70 训练师　　第 76 训练师　　第 78 训练师　　第 91 训练师

第 94 训练师　　第 95 训练师　　第 98 训练师　　第 104 训练师

（五）旅徽章标识

1. 步兵旅徽章标识

第 27 步兵旅　　第 29 步兵旅　　第 32 步兵旅　　第 33 步兵旅

第二部分　陆军徽章标识

第 37 步兵旅　　　　第 39 步兵旅　　　　第 45 步兵旅　　　　第 48 步兵旅

第 50 步兵旅　　　　第 53 步兵旅　　　　第 58 步兵旅　　　　第 69 步兵旅

第 76 步兵旅　　　　第 86 山地步兵旅　　第 116 步兵旅　　　 第 104 师第 3 旅

第 120 步兵旅　　　 第 157 步兵旅　　　 第 158 步兵旅　　　 第 165 步兵旅

美军部队标识图鉴

 第170步兵旅
 第172步兵旅
 第174步兵旅
 第181步兵旅

 第187步兵旅
 第188步兵旅
 第189步兵旅
 第191步兵旅

 第192步兵旅
 第193步兵旅
 第196步兵旅
 第197步兵旅

 第198步兵旅
 第199步兵旅
 第256步兵旅

第二部分　陆军徽章标识

2. 装甲旅徽章标识

第 30 装甲旅　　　第 31 装甲旅　　　第 36 装甲旅　　　第 81 装甲旅

第 155 装甲旅　　第 163 装甲旅　　第 177 装甲旅　　第 194 装甲旅

3. 骑兵旅徽章标识

第 4 骑兵旅　　　第 6 骑兵旅　　　第 21 骑兵旅　　　第 116 骑兵旅

4. 空降旅徽章标识

第 71 空降旅　　　　　　　　第 173 空降旅

5. 炮兵旅徽章标识

 第 16 野战炮兵旅
 第 17 野战炮兵旅
 第 18 野战炮兵旅
 第 41 野战炮兵旅

 第 42 野战炮兵旅
 第 45 野战炮兵旅
 第 54 野战炮兵旅
 第 65 野战炮兵旅

 第 72 野战炮兵旅
 第 75 野战炮兵旅
 第 92 野战炮兵旅
 第 113 野战炮兵旅

 第 115 野战炮兵旅
 第 130 野战炮兵旅
 第 135 野战炮兵旅
 第 138 野战炮兵旅

第二部分　陆军徽章标识

第 151 野战炮兵旅　　第 153 野战炮兵旅　　第 169 野战炮兵旅　　第 196 野战炮兵旅

第 197 野战炮兵旅　　第 210 野战炮兵旅　　第 212 野战炮兵旅　　第 214 野战炮兵旅

第 428 野战炮兵旅　　第 434 野战炮兵旅　　第 479 野战炮兵旅　　第 631 野战炮兵旅

6. 防空炮兵旅徽章标识

第 11 防空炮兵旅　　第 30 防空炮兵旅　　第 31 防空炮兵旅　　第 35 防空炮兵旅

美军部队标识图鉴

第 38 防空炮兵旅　　　第 45 防空炮兵旅　　　第 52 防空炮兵旅　　　第 65 防空炮兵旅

第 66 防空炮兵旅　　　第 69 防空炮兵旅　　　第 108 防空炮兵旅

第 164 防空炮兵旅　　　第 174 防空炮兵旅　　　第 197 防空炮兵旅

第 212 防空炮兵旅　　　第 263 防空炮兵旅　　　第 562 防空炮兵旅

7. 陆航旅徽章标识

第 1 陆航旅　　　　第 12 陆航旅　　　　第 16 陆航旅　　　　第 17 陆航旅

第 18 陆航旅　　　第 35 师战斗航空旅　　　第 63 陆航旅　　　第 77 陆航旅

第 110 陆航旅　　　　第 128 陆航旅　　　　第 166 陆航旅

第 185 陆航旅　　　　第 224 陆航旅　　　　第 449 陆航旅

8. 机动加强旅徽章标识

第 1 机动加强旅　　　第 3 机动加强旅　　　第 4 机动加强旅　　　第 10 机动加强旅

第 26 机动加强旅　　　第 29 机动加强旅　　　第 31 机动加强旅　　　第 92 机动加强旅

第 110 机动加强旅　　　第 111 机动加强旅　　　第 149 机动加强旅　　　第 157 机动加强旅

第 158 机动加强旅　　　第 196 机动加强旅　　　第 204 机动加强旅　　　第 218 机动加强旅

第二部分 陆军徽章标识

第 226 机动加强旅　　第 301 机动加强旅　　第 302 机动加强旅　　第 404 机动加强旅

9. 工兵旅徽章标识

第 2 工兵旅　　　　　第 18 工兵旅　　　　　第 20 工兵旅　　　　　第 30 工兵旅

第 35 工兵旅　　　　　第 36 工兵旅　　　　　第 38 工兵旅　　　　　第 111 工兵旅

第 130 工兵旅　　　　　第 168 工兵旅　　　　　第 176 工兵旅　　　　　第 194 工兵旅

美军部队标识图鉴

第 225 工兵旅　　　　　　第 372 工兵旅　　　　　　第 411 工兵旅

第 420 工兵旅　　　　　　第 555 工兵旅　　　　　　第 926 工兵旅

10．军事情报旅徽章标识

1）盾徽

第 66 军事情报旅　　第 67 军事情报旅　　第 71 远征军事情报旅　　第 111 军事情报旅

第 112 军事情报旅　　第 201 军事情报旅　　第 205 军事情报旅　　第 207 军事情报旅

第二部分　陆军徽章标识

第 219 军事情报旅 　　第 300 军事情报旅 　　第 336 军事情报旅 　　第 470 军事情报旅

第 500 军事情报旅 　　第 501 军事情报旅 　　第 504 军事情报旅 　　第 513 军事情报旅

第 525 军事情报旅 　　第 704 军事情报旅 　　第 780 军事情报旅

2）臂章

第 66 军事情报旅 　　第 71 远征军事情报旅 　　第 111 军事情报旅 　　第 116 军事情报旅

美军部队标识图鉴

第 201 军事情报旅 　　第 205 军事情报旅 　　第 207 军事情报旅 　　第 300 军事情报旅

第 336 军事情报旅 　　第 470 军事情报旅 　　第 500 军事情报旅

第 501 军事情报旅 　　第 504 军事情报旅 　　第 513 军事情报旅

第 525 军事情报旅 　　第 704 军事情报旅 　　第 780 军事情报旅

第二部分　陆军徽章标识

11. 通信旅微章标识

1）盾徽

| 第 1 通信旅 | 第 2 通信旅 | 第 3 通信旅 | 第 5 通信旅 |

| 第 7 通信旅 | 第 11 通信旅 | 第 15 通信旅 | 第 21 通信旅 |

| 第 22 通信旅 | 第 35 通信旅 | 第 53 通信旅 | 第 93 通信旅 |

| 第 106 通信旅 | 第 142 通信旅 | 第 160 通信旅 |

美军部队标识图鉴

第 187 通信旅 　　　第 228 通信旅 　　　第 261 通信旅

第 359 通信旅 　　　第 505 通信旅 　　　第 516 通信旅

2）臂章

第 1 通信旅 　　　第 2 通信旅 　　　第 3 通信旅 　　　第 5 通信旅

第 7 通信旅 　　　第 11 通信旅 　　　第 15 通信旅 　　　第 21 通信旅

第二部分　陆军徽章标识

第 22 通信旅 　　第 35 通信旅 　　第 53 通信旅 　　第 93 通信旅

第 106 通信旅 　　第 142 通信旅 　　第 160 通信旅

第 187 通信旅 　　第 228 通信旅 　　第 261 通信旅

第 359 通信旅 　　第 505 通信旅 　　第 516 通信旅

美军部队标识图鉴

12. 化学旅徽章标识

第 3 化学旅 　　　　　第 48 化学旅 　　　　　第 415 化学旅

第 455 化学旅 　　　　第 460 化学旅 　　　　　第 464 化学旅

13. 维护保养旅徽章标识

第 1 维护保养旅 　　第 3 维护保养旅 　　第 4 维护保养旅 　　第 7 维护保养旅

第 10 维护保养旅 　　第 15 维护保养旅 　　第 16 维护保养旅 　　第 36 维护保养旅

第二部分　陆军徽章标识

第 38 维护保养旅	第 43 维护保养旅	第 45 维护保养旅	第 55 维护保养旅
 第 77 维护保养旅	第 82 维护保养旅	 第 89 维护保养旅	第 90 维护保养旅
第 96 维护保养旅	 第 101 维护保养旅	第 108 维护保养旅	 第 113 维护保养旅
第 224 维护保养旅	第 230 维护保养旅	第 287 维护保养旅	第 300 维护保养旅

033

美军部队标识图鉴

| 第 304 维护保养旅 | 第 321 维护保养旅 |  第 369 维护保养旅 |  第 371 维护保养旅 |

| 第 501 维护保养旅 | 第 528 维护保养旅 |  第 593 维护保养旅 |

14. 宪兵旅徽章标识

| 第 8 宪兵旅 | 第 11 宪兵旅 | 第 14 宪兵旅 | 第 15 宪兵旅 |

| 第 16 宪兵旅 | 第 18 宪兵旅 | 第 42 宪兵旅 | 第 43 宪兵旅 |

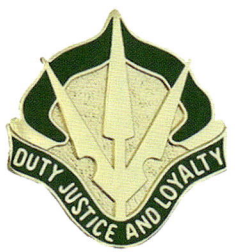

第二部分 陆军徽章标识

| 第 49 宪兵旅 | 第 89 宪兵旅 | 第 177 宪兵旅 | 第 220 宪兵旅 |

| 第 260 宪兵旅 | 第 290 宪兵旅 |  第 300 宪兵旅 | 第 333 宪兵旅 |

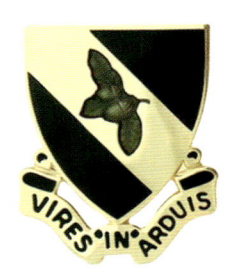

15. 医务旅徽章标识

| 第 1 医务旅 | 第 2 医务旅 | 第 4 医务旅 | 第 5 医务旅 |

| 第 8 医务旅 | 第 30 医务旅 | 第 32 医务旅 |  第 44 医务旅 |

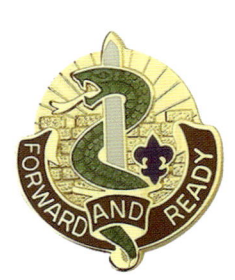

美军部队标识图鉴

第 62 医务旅 　　第 139 医务旅 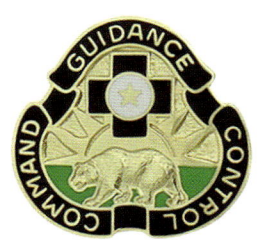　　第 175 医务旅 　　第 307 医务旅

第 330 医务旅 　　第 332 医务旅 　　第 804 医务旅 　　第 807 医务旅

16. 民事旅徽章标识

第 85 民事旅 　　第 95 民事旅 　　第 304 民事旅 　　第 308 民事旅

第 321 民事旅 　　第 322 民事旅 　　第 354 民事旅

第二部分　陆军徽章标识

| 第 358 民事旅 | 第 361 民事旅 | 第 364 民事旅 |

17. 支援旅徽章标识

| 第 3 支援旅 | 第 15 支援旅 | 第 21 支援旅 | 第 77 支援旅 |

| 第 401 支援旅 | 第 402 支援旅 | 第 403 支援旅 | 第 404 支援旅 |

| 第 405 支援旅 | 第 406 支援旅 | 第 407 支援旅 |

037

美军部队标识图鉴

第 408 支援旅 　　　　　第 409 支援旅 　　　　　第 410 支援旅

第 411 支援旅 　　　　　第 412 支援旅 　　　　　第 916 支援旅

18. 运输旅徽章标识

第 3 运输旅 　　　　　　　　　　　第 8 运输旅

19. 太空旅徽章标识

第 1 太空旅

20. 军需旅徽章标识

第 49 军需旅

21. 军械旅徽章标识

第 59 军械旅

22. 安全部队援助旅徽章标识

第 5 安全部队援助旅

23. 网络空间部队徽章标识

网络防护旅 　　　　第 76 网络防护旅 　　　　第 91 网络作战旅

（六）旅级战斗队徽章标识

第 1 旅级战斗队 　　　第 27 步兵旅级战斗队 　　　第 29 步兵旅级战斗队 　　　第 30 重型旅级战斗队

第 37 步兵旅级战斗队 　　　第 41 步兵旅级战斗队 　　　第 45 步兵旅级战斗队 　　　第 50 步兵旅级战斗队

第 58 步兵旅级战斗队 　　　第 76 步兵旅级战斗队 　　　第 81 装甲旅级战斗队 　　　第 155 装甲旅级战斗队

第 86 步兵旅级战斗队 　　　第 256 步兵旅级战斗队 　　　第 329 团旅级战斗队 　　　第 330 团旅级战斗队

第二部分　陆军徽章标识

第 337 团旅级战斗队 　　　第 354 团旅级战斗队 　　　第 360 团旅级战斗队

第 361 团旅级战斗队 　　　第 377 团旅级战斗队 　　　第 378 团旅级战斗队

（七）团徽章标识

1. 步兵团徽章标识

第 1 步兵团 　　　第 2 步兵团 　　　第 3 步兵团 　　　第 4 步兵团

第 5 步兵团 　　　第 6 步兵团 　　　第 7 步兵团 　　　第 8 步兵团

美军部队标识图鉴

| 第 9 步兵团 | 第 10 步兵团 |  第 11 步兵团 | 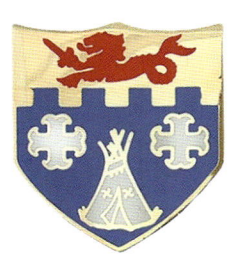 第 12 步兵团 |

| 第 13 步兵团 | 第 14 步兵团 | 第 15 步兵团 |  第 16 步兵团 |

| 第 18 步兵团 | 第 19 步兵团 | 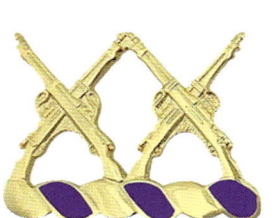 第 20 步兵团 | 第 21 步兵团 |

| 第 22 步兵团 | 第 23 步兵团 | 第 24 步兵团 |  第 26 步兵团 |

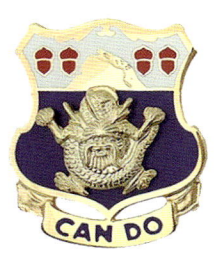

第二部分　陆军徽章标识

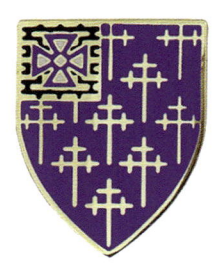

第 27 步兵团	第 28 步兵团	第 29 步兵团	第 30 步兵团
第 31 步兵团	第 32 步兵团	第 34 步兵团	第 35 步兵团
第 36 步兵团	第 38 步兵团	第 41 步兵团	第 47 步兵团
第 48 步兵团	第 50 步兵团	第 51 步兵团	第 52 步兵团

美军部队标识图鉴

第 54 步兵团	第 58 步兵团	第 60 步兵团	第 65 步兵团
第 69 步兵团	第 84 步兵团	第 87 步兵团	第 89 步兵团
第 95 步兵团	第 101 步兵团	第 102 步兵团	第 104 步兵团
第 105 步兵团	第 106 步兵团	第 108 步兵团	第 109 步兵团

第二部分　陆军徽章标识

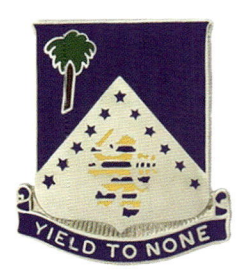

第 110 步兵团	第 111 步兵团	第 112 步兵团	第 113 步兵团
第 114 步兵团	第 115 步兵团	第 116 步兵团	第 117 步兵团
第 118 步兵团	第 119 步兵团	第 120 步兵团	第 121 步兵团
第 122 步兵团	第 123 步兵团	第 124 步兵团	第 125 步兵团

045

美军部队标识图鉴

| 第127步兵团 | 第128步兵团 | 第129步兵团 | 第130步兵团 |

| 第131步兵团 | 第136步兵团 | 第137步兵团 | 第139步兵团 |

| 第140步兵团 | 第141步兵团 | 第142步兵团 | 第143步兵团 |

| 第144步兵团 | 第147步兵团 | 第148步兵团 | 第149步兵团 |

第二部分　陆军徽章标识

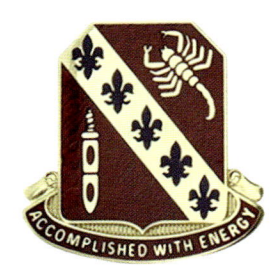

第 151 步兵团	第 153 步兵团	第 154 步兵团	第 155 步兵团
第 156 步兵团	第 158 步兵团	第 161 步兵团	第 162 步兵团
第 163 步兵团	第 164 步兵团	第 166 步兵团	第 167 步兵团
第 168 步兵团	第 169 步兵团	第 172 步兵团	第 175 步兵团

047

美军部队标识图鉴

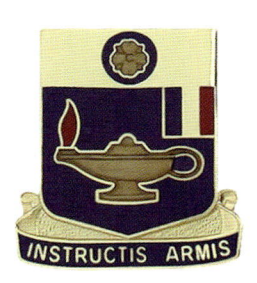

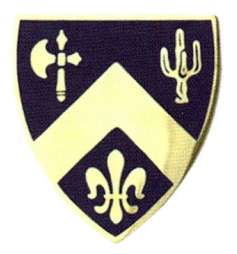

第 177 步兵团	第 178 步兵团	第 179 步兵团	第 183 步兵团
第 184 步兵团	第 186 步兵团	第 187 步兵团	第 189 步兵团
第 193 步兵团	第 195 步兵团	第 196 步兵团	第 197 步兵团
第 199 步兵团	第 200 步兵团	第 201 步兵团	第 204 步兵团

048

第二部分　陆军徽章标识

第 205 步兵团	第 207 步兵团	第 208 步兵团	第 209 步兵团
第 210 步兵团	第 211 步兵团	第 213 步兵团	第 215 步兵团
第 218 步兵团	第 223 步兵团	第 233 步兵团	第 235 步兵团
第 238 步兵团	第 243 步兵团	第 249 步兵团	第 254 步兵团

第260步兵团	第274步兵团	第289步兵团	第290步兵团
第291步兵团	第293步兵团	第294步兵团	第295步兵团
第297步兵团	第298步兵团	第305步兵团	第306步兵团
第307步兵团	第309步兵团	第310步兵团	第311步兵团

第二部分　陆军徽章标识

第 312 步兵团	第 313 步兵团	第 314 步兵团	第 323 步兵团
第 325 步兵团	第 327 步兵团	第 339 步兵团	第 345 步兵团
第 346 步兵团	第 347 步兵团	第 348 步兵团	第 349 步兵团
第 350 步兵团	第 351 步兵团	第 355 步兵团	第 357 步兵团

美军部队标识图鉴

| 第358步兵团 | 第359步兵团 | 第362步兵团 |  第364步兵团 |

| 第379步兵团 | 第381步兵团 | 第382步兵团 | 第383步兵团 |

| 第389步兵团 | 第391步兵团 | 第393步兵团 | 第394步兵团 |

| 第395步兵团 | 第397步兵团 | 第398步兵团 | 第399步兵团 |

第二部分　陆军徽章标识

第 409 步兵团	第 411 步兵团	第 413 步兵团	第 414 步兵团
第 415 步兵团	第 421 步兵团	第 425 步兵团	第 426 步兵团
第 485 步兵团	第 501 步兵团	第 502 步兵团	第 503 步兵团
第 504 步兵团	第 505 步兵团	第 506 步兵团	第 507 步兵团

053

美军部队标识图鉴

| 第 508 步兵团 | 第 509 步兵团 | 第 511 步兵团 |

| 第 515 步兵团 | 第 518 步兵团 | 第 640 步兵团 |

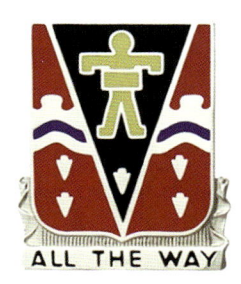

2. 骑兵团徽章标识

| 第 1 骑兵团 | 第 2 骑兵团 | 第 3 骑兵团 | 第 4 骑兵团 |

| 第 5 骑兵团 | 第 6 骑兵团 | 第 7 骑兵团 | 第 8 骑兵团 |

第二部分　陆军徽章标识

第 9 骑兵团	第 10 骑兵团	第 12 骑兵团	第 13 骑兵团
第 14 骑兵团	第 15 骑兵团	第 16 骑兵团	第 17 骑兵团
第 18 骑兵团	第 31 骑兵团	第 32 骑兵团	第 38 骑兵团
第 40 骑兵团	第 61 骑兵团	第 71 骑兵团	第 73 骑兵团

055

美军部队标识图鉴

| 第75骑兵团 |  第75游骑兵团 | 第82骑兵团 | 第89骑兵团 |

| 第91骑兵团 | 第98骑兵团 | 第101骑兵团 | 第104骑兵团 |

| 第105骑兵团 |  第106骑兵团 | 第107骑兵团 | 第108骑兵团 |

| 第112骑兵团 | 第113骑兵团 | 第114骑兵团 | 第116骑兵团 |

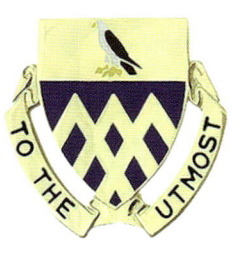

第二部分　陆军徽章标识

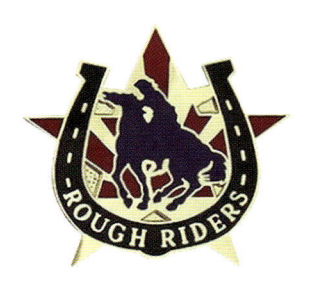

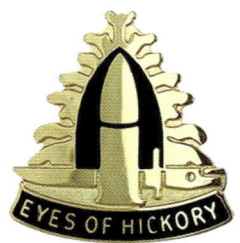

第 118 骑兵团	第 124 骑兵团	第 131 骑兵团	第 134 骑兵团
第 145 骑兵团	第 151 骑兵团	第 152 骑兵团	第 153 骑兵团
第 158 骑兵团	第 163 骑兵团	第 167 骑兵团	第 172 骑兵团
第 180 骑兵团	第 183 骑兵团	第 192 骑兵团	第 196 骑兵团

057

美军部队标识图鉴

| 第 202 骑兵团 | 第 221 骑兵团 | 第 230 骑兵团 |

| 第 263 骑兵团 | 第 279 骑兵团 | 第 303 骑兵团 |

3. 装甲团徽章标识

| 第 11 装甲骑兵团 | 第 33 装甲团 |  第 34 装甲团 | 第 35 装甲团 |

| 第 37 装甲团 |  第 63 装甲团 | 第 64 装甲团 |  第 66 装甲团 |

第二部分　陆军徽章标识

第 68 装甲团	第 69 装甲团	第 70 装甲团	第 72 装甲团
第 77 装甲团	第 81 装甲团	第 102 装甲团	第 103 装甲团
第 108 装甲骑兵团	第 108 装甲团	第 109 装甲团	第 123 装甲团
第 126 装甲团	第 149 装甲团	第 150 装甲团	第 156 装甲团

059

美军部队标识图鉴

第 185 装甲团 　　　第 194 装甲团 　　　第 198 装甲团

第 210 装甲团 　　　第 252 装甲团 　　　第 278 装甲团

第 303 装甲团 　　　第 632 装甲团 　　　第 635 装甲团

4. 陆航团徽章标识

第 1 陆航团 　　　第 3 陆航团 　　　第 4 陆航团 　　　第 10 陆航团

第二部分　陆军徽章标识

第 13 陆航团 　　　第 25 陆航团 　　　第 52 陆航团 　　　第 58 陆航团

第 82 陆航团 　　　第 101 陆航团 　　　第 104 陆航团 　　　第 106 陆航团

第 108 陆航团 　　　第 111 陆航团 　　　第 112 陆航团 　　　第 114 陆航团

第 126 陆航团 　　　第 130 陆航团 　　　第 131 陆航团 　　　第 135 陆航团

061

第 149 陆航团	第 150 陆航团	第 151 陆航团	第 158 陆航团
第 159 陆航团	第 160 特种作战航空团	第 168 陆航团	第 169 陆航团
第 171 陆航团	第 183 陆航团	第 185 陆航团	第 193 陆航团
第 207 陆航团	第 210 陆航团	第 211 陆航团	第 214 陆航团

第二部分　陆军徽章标识

第222陆航团	第224陆航团	第227陆航团	第228陆航团
第229陆航团	第238陆航团	第244陆航团	第245陆航团
第285陆航团	第376陆航团	第501陆航团	第641陆航团

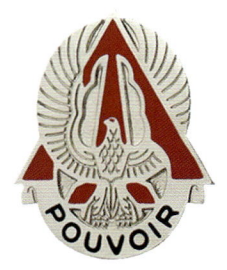

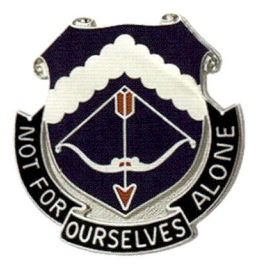

5. 野战炮兵团徽章标识

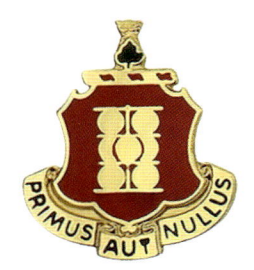

第1野战炮兵团	第2野战炮兵团	 第3野战炮兵团	 第4野战炮兵团

063

美军部队标识图鉴

第 5 野战炮兵团	第 6 野战炮兵团	第 7 野战炮兵团	第 8 野战炮兵团
第 9 野战炮兵团	第 10 野战炮兵团	第 11 野战炮兵团	第 12 野战炮兵团
第 13 野战炮兵团	第 14 野战炮兵团	第 15 野战炮兵团	第 16 野战炮兵团
第 17 野战炮兵团	第 18 野战炮兵团	第 19 野战炮兵团	第 20 野战炮兵团

第二部分　陆军徽章标识

第 21 野战炮兵团	第 22 野战炮兵团	第 25 野战炮兵团	第 26 野战炮兵团
第 27 野战炮兵团	第 28 野战炮兵团	第 29 野战炮兵团	第 30 野战炮兵团
第 32 野战炮兵团	第 33 野战炮兵团	第 34 野战炮兵团	第 35 野战炮兵团
第 36 野战炮兵团	第 37 野战炮兵团	第 38 野战炮兵团	第 39 野战炮兵团

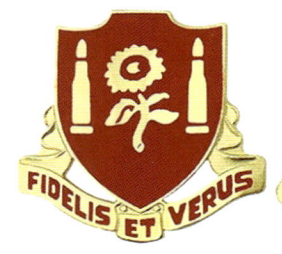

065

美军部队标识图鉴

第40野战炮兵团	第41野战炮兵团	第42野战炮兵团	 第62野战炮兵团
 第73野战炮兵团	第75野战炮兵团	第76野战炮兵团	第77野战炮兵团
第78野战炮兵团	第79野战炮兵团	 第80野战炮兵团	第81野战炮兵团
 第82野战炮兵团	第83野战炮兵团	第84野战炮兵团	 第86野战炮兵团

第二部分　陆军徽章标识

第 94 野战炮兵团 　　第 101 野战炮兵团 　　第 102 野战炮兵团 　　第 103 野战炮兵团

第 105 野战炮兵团 　　第 106 野战炮兵团 　　第 107 野战炮兵团 　　第 108 野战炮兵团

第 109 野战炮兵团 　　第 111 野战炮兵团 　　第 112 野战炮兵团 　　第 113 野战炮兵团

第 114 野战炮兵团 　　第 115 野战炮兵团 　　第 116 野战炮兵团 　　第 117 野战炮兵团

067

美军部队标识图鉴

第 118 野战炮兵团	第 119 野战炮兵团	第 120 野战炮兵团	第 121 野战炮兵团
第 122 野战炮兵团	第 123 野战炮兵团	 第 125 野战炮兵团	第 127 野战炮兵团
第 129 野战炮兵团	第 130 野战炮兵团	第 131 野战炮兵团	第 132 野战炮兵团
第 133 野战炮兵团	第 134 野战炮兵团	第 136 野战炮兵团	第 138 野战炮兵团

第二部分　陆军徽章标识

第139野战炮兵团	第141野战炮兵团	第142野战炮兵团	第143野战炮兵团
第144野战炮兵团	第145野战炮兵团	第146野战炮兵团	第147野战炮兵团
第148野战炮兵团	第151野战炮兵团	第152野战炮兵团	第156野战炮兵团
第157野战炮兵团	第158野战炮兵团	第160野战炮兵团	第161野战炮兵团

069

第 162 野战炮兵团	第 163 野战炮兵团	第 171 野战炮兵团	第 172 野战炮兵团
第 178 野战炮兵团	第 180 野战炮兵团	第 181 野战炮兵团	第 182 野战炮兵团
第 187 野战炮兵团	第 190 野战炮兵团	第 194 野战炮兵团	第 197 野战炮兵团
第 201 野战炮兵团	第 202 野战炮兵团	第 206 野战炮兵团	第 209 野战炮兵团

第二部分　陆军徽章标识

| 第 214 野战炮兵团 | 第 218 野战炮兵团 |  第 222 野战炮兵团 | 第 229 野战炮兵团 |

| 第 241 野战炮兵团 | 第 246 野战炮兵团 | 第 258 野战炮兵团 | 第 300 野战炮兵团 |

| 第 319 野战炮兵团 | 第 320 野战炮兵团 | 第 321 野战炮兵团 | 第 333 野战炮兵团 |

| 第 377 野战炮兵团 | 第 487 野战炮兵团 | 第 623 野战炮兵团 |

071

6. 防空炮兵团徽章标识

第1防空炮兵团	第2防空炮兵团	第3防空炮兵团	第4防空炮兵团
 第5防空炮兵团	第6防空炮兵团	第7防空炮兵团	第31防空炮兵团
第43防空炮兵团	第44防空炮兵团	第52防空炮兵团	第55防空炮兵团
第56防空炮兵团	第57防空炮兵团	第59防空炮兵团	第60防空炮兵团

第二部分　陆军徽章标识

第 61 防空炮兵团	第 67 防空炮兵团	第 68 防空炮兵团	第 71 防空炮兵团
第 111 防空炮兵团	第 138 防空炮兵团	第 174 防空炮兵团	第 179 防空炮兵团
第 188 防空炮兵团	第 202 防空炮兵团	第 204 防空炮兵团	第 213 防空炮兵团
第 216 防空炮兵团	第 244 防空炮兵团	第 250 防空炮兵团	

073

美军部队标识图鉴

第 251 防空炮兵团　　第 256 防空炮兵团　　第 517 防空炮兵团

7. 训练团徽章标识

第 80 训练团

（八）大队徽章标识

1. 野战炮兵大队徽章标识

第 17 野战炮兵大队　　第 36 野战炮兵大队　　第 143 野战炮兵大队

第 157 野战炮兵大队　　第 528 野战炮兵大队

2. 防空炮兵大队徽章标识

第 13 防空炮兵大队	第 16 防空炮兵大队	第 18 防空炮兵大队
第 19 防空炮兵大队	第 23 防空炮兵大队	第 24 防空炮兵大队
第 28 防空炮兵大队	第 49 防空炮兵大队	第 87 防空炮兵大队

3. 军事情报大队徽章标识

第 115 军事情报大队	第 116 军事情报大队	第 505 军事情报大队

美军部队标识图鉴

第 650 军事情报大队 　　　第 706 军事情报大队 　　　第 902 军事情报大队

4. 通信大队徽章标识

第 1 通信大队 　　　第 12 通信大队 　　　第 228 通信大队

5. 心理战大队徽章标识

第 4 心理战大队 　　　第 7 心理战大队

6. 工兵大队徽章标识

第 105 工兵大队 　　　第 164 工兵大队 　　　第 240 工兵大队

第二部分　陆军徽章标识

第 264 工兵大队 　　　　第 329 工兵大队 　　　　第 353 工兵大队

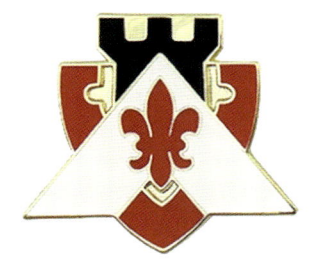

第 364 工兵大队 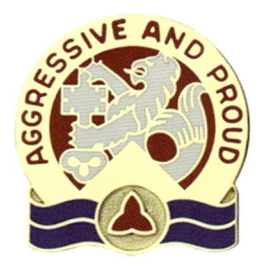　　　　第 416 工兵大队 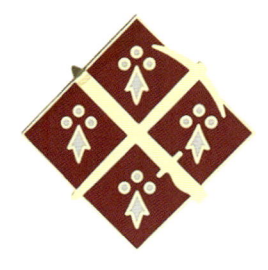　　　　第 937 工兵大队

7. 支援大队徽章标识

第 8 支援大队 　　　第 24 支援大队 　　　第 30 支援大队 　　　第 31 支援大队

第 33 支援大队 　　　第 46 支援大队 　　　第 50 地区支援大队 　　第 64 支援大队

077

美军部队标识图鉴

第 98 地区支援大队	第 99 支援大队	 第 104 支援大队	第 109 支援大队
第 114 支援大队	第 122 支援大队	第 139 支援大队	 第 143 支援大队
第 151 支援大队	第 166 支援大队	第 171 支援大队	第 201 支援大队
第 204 支援大队	第 207 支援大队	第 208 支援大队	第 209 支援大队

第二部分　陆军徽章标识

第 210 支援大队	第 211 支援大队	第 213 支援大队	第 265 支援大队
第 300 支援大队	第 301 支援大队	第 312 支援大队	第 329 支援大队
第 347 支援大队	第 363 支援大队	第 371 支援大队	第 507 支援大队
第 561 支援大队	第 633 支援大队	第 635 支援大队	第 640 支援大队
第 641 支援大队	第 642 支援大队	第 643 支援大队	第 645 支援大队

美军部队标识图鉴

第 646 支援大队	第 647 支援大队	第 648 地区支援大队	第 649 支援大队

第 650 支援大队	第 651 支援大队	第 652 支援大队

第 653 支援大队	第 654 支援大队	第 655 支援大队

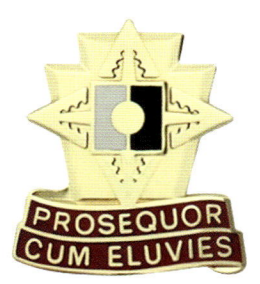

第 656 支援大队	第 657 支援大队	第 734 支援大队

第二部分　陆军徽章标识

8. 陆航大队徽章标识

第 51 陆航大队 　　　第 164 陆航大队 　　　第 204 陆航大队

第 211 陆航大队 　　　第 385 陆航大队

9. 军械大队徽章标识

第 52 军械大队 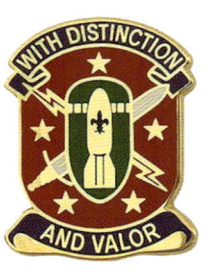　　　第 71 军械大队 　　　第 111 军械大队 　　　第 269 军械大队

10. 军需大队徽章标识

第 164 军需大队 　　　第 165 军需大队

11. 人事勤务大队徽章标识

第 3 人事勤务大队 　　　　第 18 人事勤务大队 　　　　第 310 人事勤务大队

第 348 人事勤务大队 　　　　第 390 人事勤务大队

12. 宪兵大队徽章标识

第 1 宪兵大队 　　第 3 宪兵大队 　　第 6 宪兵大队 　　第 12 宪兵大队

13. 运输大队徽章标识

第 336 运输大队 　　　　第 375 运输大队

14. 医务大队徽章标识

第 1 医务大队 　　　　　第 13 作战支援医务大队 　　　　第 55 医务大队

第 202 医务大队 　　　　第 309 医务大队 　　　　第 338 医务大队

15. 财务大队徽章标识

第 13 财务大队 　　　　第 18 财务大队 　　　　第 398 财务大队

第 266 财务中心 　　　　第 336 财务中心

（九）营徽章标识

1. 航空营徽章标识

第 2 航空营	第 5 航空营	第 7 航空营	第 8 航空营
第 9 航空营	第 11 航空营	第 14 战斗航空营	第 16 航空营
第 18 航空营	第 19 航空营	第 20 航空营	第 21 航空营
第 52 航空营	第 109 航空营	第 113 航空营	 第 124 航空营

第二部分　陆军徽章标识

| 第 132 航空营 | 第 137 战斗航空营 | 第 140 航空营 | 第 142 航空营 |

| 第 147 航空营 | 第 189 航空营 | 第 192 航空营 |

| 第 212 航空营 | 第 503 航空营 | 第 504 航空营 |

2. 特种作战营徽章标识

| 第 1 步兵师第 3 旅特种作战营 | 第 1 步兵师第 4 旅特种作战营 | 第 1 骑兵师第 1 旅特种作战营 |

085

美军部队标识图鉴

第1骑兵师第3旅特种作战营	第1骑兵师第4旅特种作战营	第1骑兵师特种作战营
第1装甲师第1旅特种作战营	第1装甲师第2旅特种作战营	第1装甲师第3旅特种作战营
第1装甲师第5旅特种作战营	第1装甲师特种作战营	第2步兵师第1旅特种作战营
第2步兵师第2旅特种作战营	第2步兵师特种作战营	第3步兵师第1旅特种作战营

第二部分　陆军徽章标识

第3步兵师第2旅特种作战营 　　第3步兵师第3旅特种作战营 　　第3步兵师第4旅特种作战营

第3步兵师特种作战营 　　第4步兵师第1旅特种作战营 　　第4步兵师第2旅特种作战营

第4步兵师第3旅特种作战营 　　第4步兵师第4旅特种作战营 　　第4步兵师特种作战营

第8集团军特种作战营 　　第10山地师第1旅特种作战营 　　第10山地师第2旅特种作战营

美军部队标识图鉴

第 10 山地师第 3 旅特种作战营 　　第 10 山地师第 4 旅特种作战营 　　第 10 山地师特种作战营

第 25 步兵师第 3 旅特种作战营 　　第 25 步兵师第 4 旅特种作战营 　　第 25 步兵师特种作战营

第 26 步兵旅特种作战营 　　第 27 步兵旅特种作战营 　　第 28 步兵师第 2 旅特种作战营

第 28 步兵师第 55 旅特种作战营 　　第 28 步兵师特种作战营 　　第 29 步兵师特种作战营

第二部分　陆军徽章标识

第 33 步兵旅特种作战营 　　第 34 步兵师特种作战营 　　第 35 步兵师特种作战营

第 37 步兵旅特种作战营 　　第 39 旅特种作战营 　　第 41 步兵旅特种作战营

第 48 步兵旅特种作战营 　　第 53 步兵旅特种作战营 　　第 81 装甲旅特种作战营

第 82 空降师第 1 旅特种作战营 　　第 82 空降师第 2 旅特种作战营 　　第 82 空降师第 3 旅特种作战营

美军部队标识图鉴

第 82 空降师第 4 旅特种作战营 　　第 82 空降师特种作战营 　　第 101 空降师第 1 旅特种作战营

第 101 空降师第 2 旅特种作战营 　　第 101 空降师第 3 旅特种作战营 　　第 101 空降师第 4 旅特种作战营

第 116 步兵旅特种作战营 　　第 116 骑兵旅特种作战营 　　第 155 装甲旅特种作战营

第 173 空降旅特种作战营 　　第 256 步兵旅特种作战营

第二部分　陆军徽章标识

3. 信息作战营徽章标识

| 第1信息作战营 | 第2信息作战营 | 第156信息作战营 | 第5军事信息支援作战营 |

4. 心理战营徽章标识

| 第1心理战营 | 第3心理战营 | 第6心理战营 | 第8心理战营 |

| 第9心理战营 | 第10心理战营 | 第12心理战营 | 第14心理战营 |

| 第15心理战营 | 第16心理战营 | 第17心理战营 |

美军部队标识图鉴

5. 军事情报营徽章标识

第 1 军事情报营	第 2 军事情报营	第 3 军事情报营	第 14 军事情报营
第 15 军事情报营	第 101 军事情报营	第 102 军事情报营	第 104 军事情报营
第 105 军事情报营	第 109 军事情报营	第 125 军事情报营	第 141 军事情报营
第 142 军事情报营	第 163 军事情报营	第 165 军事情报营	第 201 军事情报营

第二部分　陆军徽章标识

第 202 军事情报营	第 204 军事情报营	第 205 军事情报营	第 206 军事情报营
第 221 军事情报营	第 223 军事情报营	第 224 军事情报营	第 229 军事情报营
第 250 军事情报营	第 260 军事情报营	第 297 军事情报营	第 300 军事情报营
第 301 军事情报营	第 302 军事情报营	第 303 军事情报营	第 304 军事情报营

美军部队标识图鉴

第 305 军事情报营	第 306 军事情报营	第 308 军事情报营	第 309 军事情报营
第 310 军事情报营	第 311 军事情报营	第 312 军事情报营	第 314 军事情报营
第 319 军事情报营	第 321 军事情报营	第 323 军事情报营	第 325 军事情报营
第 338 军事情报营	第 341 军事情报营	第 345 军事情报营	第 372 军事情报营

第二部分　陆军徽章标识

第 376 军事情报营	第 377 军事情报营	第 378 军事情报营	第 383 军事情报营
第 384 军事情报营	第 415 军事情报营	第 501 军事情报营	第 502 军事情报营
第 508 军事情报营	第 519 军事情报营	第 524 军事情报营	第 628 军事情报营
第 634 军事情报营	第 635 军事情报营	第 636 军事情报营	第 638 军事情报营

095

第 640 军事情报营	第 642 军事情报营	第 713 军事情报营
第 741 军事情报营	第 742 军事情报营	第 743 军事情报营

6. 通信营徽章标识

第 1 通信营	第 4 通信营	第 9 通信营	第 10 通信营
第 13 通信营	第 16 通信营	第 25 通信营	第 29 通信营

第二部分　陆军徽章标识

第 30 通信营 　　　第 40 通信营 　　　第 44 通信营 　　　第 50 通信营

第 51 通信营 　　　第 52 通信营 　　　第 53 通信营 　　　第 54 通信营

第 56 通信营 　　　第 57 通信营 　　　第 58 通信营

第 59 通信营 　　　第 62 通信营 　　　第 63 通信营

美军部队标识图鉴

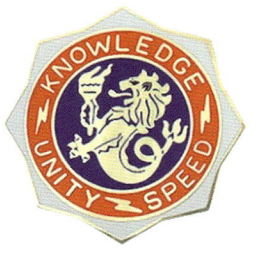

第 67 通信营	第 72 通信营	第 82 通信营
第 86 通信营	第 98 通信营	第 101 通信营	第 105 通信营
第 108 通信营	第 111 通信营	第 112 通信营	第 114 通信营
第 115 通信营	第 123 通信营	第 124 通信营	第 125 通信营

第二部分 陆军徽章标识

第129通信营	第131通信营	第133通信营	第134通信营
第135通信营	第136通信营	第138通信营	第141通信营
第146通信营	第151通信营	第156通信营	第198通信营
第212通信营	第230通信营	第234通信营	第250通信营

美军部队标识图鉴

第279通信营	第280通信营	第324通信营	第327通信营
第369通信营	第392通信营	第417通信营	第422通信营
第440通信营	第442通信营	第447通信营	第501通信营
第504通信营	第509通信营	第551通信营	

7. 化学营徽章标识

| 第 2 化学营 | 第 23 化学营 | 第 44 化学营 | 第 82 化学营 |

| 第 83 化学营 | 第 84 化学营 | 第 92 化学营 | 第 103 化学营 |

| 第 110 化学营 | 第 145 化学营 | 第 151 化学营 | 第 152 化学营 |

| 第 155 化学营 | 第 206 化学营 | 第 261 化学营 | 第 278 化学营 |

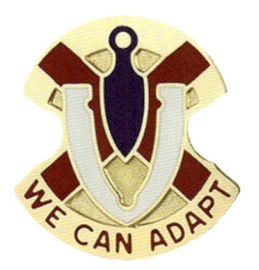

美军部队标识图鉴

第 420 化学营 　　　第 457 化学营 　　　第 468 化学营 　　　第 472 化学营

第 476 化学营 　　　第 485 化学营 　　　第 490 化学营

8. 工兵营徽章标识

第 1 工兵营 　　　第 2 工兵营 　　　第 3 工兵营 　　　第 4 工兵营

第 5 工兵营 　　　第 7 工兵营 　　　第 8 工兵营 　　　第 10 工兵营

第二部分　陆军徽章标识

第 14 工兵营	第 16 工兵营	第 17 工兵营	第 19 工兵营
第 20 工兵营	第 26 工兵营	第 27 工兵营	第 29 工兵营
第 30 工兵营	第 31 工兵营	第 35 工兵营	第 36 工兵营
第 37 工兵营	第 39 工兵营	第 40 工兵营	第 41 工兵营

美军部队标识图鉴

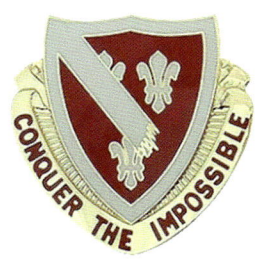

第 46 工兵营	第 52 工兵营	第 63 工兵营	第 65 工兵营
第 70 工兵营	第 84 工兵营	第 91 工兵营	第 92 工兵营
第 94 工兵营	第 103 工兵营	第 105 工兵营	第 107 工兵营
第 109 工兵营	第 111 工兵营	第 112 工兵营	第 113 工兵营

第二部分　陆军徽章标识

第 115 工兵营　　第 116 工兵营 　　第 120 工兵营 　　第 121 工兵营

第 122 工兵营 　　第 130 工兵营 　　第 133 工兵营 　　第 141 工兵营

第 153 工兵营 　　第 164 工兵营 　　第 168 工兵营 　　第 169 工兵营

第 173 工兵营 　　第 176 工兵营 　　第 178 工兵营 　　第 192 工兵营

105

第 200 工兵营	第 201 工兵营	第 203 工兵营	第 205 工兵营
第 206 工兵营	第 216 工兵营	第 223 工兵营	第 226 工兵营
第 229 工兵营	第 230 工兵营	第 242 工兵营	第 244 工兵营
第 249 工兵营	第 265 工兵营	第 276 工兵营	第 299 工兵营

第二部分　陆军徽章标识

第 307 工兵营 　　第 317 工兵营 　　第 321 工兵营 　　第 326 工兵营

第 337 工兵营 　　第 367 工兵营 　　第 379 工兵营 　　第 386 工兵营

第 389 工兵营 　　第 391 工兵营 　　第 397 工兵营 　　第 411 工兵营

第 439 工兵营 　　第 467 工兵营 　　第 489 工兵营 　　第 505 工兵营

美军部队标识图鉴

第 507 工兵营 　　第 512 工兵营 　　第 527 工兵营 　　第 528 工兵营

第 553 工兵营 　　第 554 工兵营 　　第 565 工兵营 　　第 572 工兵营

第 577 工兵营 　　第 578 工兵营 　　第 579 工兵营 　　第 588 工兵营

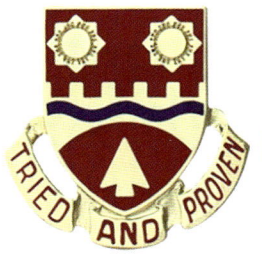

第 612 工兵营 　　第 648 工兵营 　　第 682 工兵营 　　第 724 工兵营

第二部分　陆军徽章标识

第 766 工兵营	第 769 工兵营	第 841 工兵营	第 844 工兵营

第 864 工兵营	第 875 工兵营	第 876 工兵营	第 877 工兵营

第 890 工兵营	第 891 工兵营	第 898 工兵营

第 961 工兵营	第 980 工兵营	第 983 工兵营

109

9. 支援营徽章标识

第 3 支援营	第 4 支援营	第 10 旅支援营	第 13 支援营

第 15 支援营	第 17 支援营	第 18 支援营	第 25 支援营

第 26 支援营	第 27 支援营	第 29 支援营	第 30 支援营

第 31 支援营	第 34 支援营	第 39 支援营	第 40 支援营

第二部分　陆军徽章标识

第 44 军支援营	第 47 支援营	第 50 支援营	第 64 旅支援营
第 67 支援营	第 68 支援营	第 75 支援营	第 77 支援营
第 82 旅支援营	第 87 战斗维持支援营	第 88 支援营	第 94 旅支援营
第 96 支援营	第 100 支援营	第 101 支援营	第 105 支援营

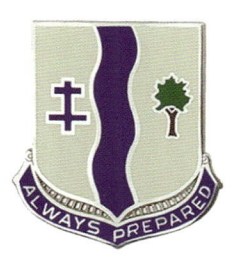

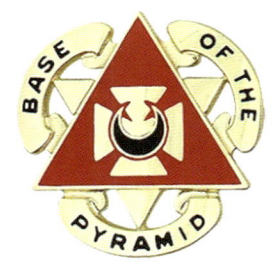

第 106 支援营	第 110 支援营	第 113 支援营	第 115 支援营
第 121 支援营	第 122 支援营	第 123 支援营	第 125 支援营
第 126 支援营	第 127 支援营	 第 128 支援营	第 129 战斗维持支援营
第 132 支援营	第 134 旅支援营	第 136 支援营	第 141 支援营

第二部分　陆军徽章标识

第 142 支援营	第 143 支援营	第 145 支援营	第 146 支援营
第 147 支援营	第 148 支援营	第 155 支援营	第 158 支援营
第 165 支援营	第 168 支援营	第 169 支援营	第 176 支援营
第 181 支援营	第 185 支援营	第 186 支援营	第 188 支援营

113

美军部队标识图鉴

第189支援营	第191支援营	第192支援营	第193支援营
第194支援营	第199支援营	第201支援营	第202支援营
 第203支援营	 第204支援营	第206支援营	第209支援营
第210支援营	第215支援营	第217支援营	第218支援营

第二部分　陆军徽章标识

第 222 支援营	第 225 支援营	第 226 支援营	第 228 支援营
第 230 支援营	第 231 支援营	第 232 支援营	第 236 支援营
第 237 支援营	第 250 支援营	第 257 支援营	第 264 支援营
第 275 支援营	第 277 支援营	第 279 支援营	第 280 支援营

美军部队标识图鉴

第 282 支援营 　　第 286 支援营 　　第 292 支援营 　　第 296 支援营

第 297 支援营 　　第 298 支援营 　　第 299 支援营 　　第 307 支援营

第 311 支援营 　　第 314 支援营 　　第 319 支援营 　　第 320 支援营

第 325 支援营 　　第 328 支援营 　　第 332 支援营 　　第 334 支援营

第二部分　陆军徽章标识

第 340 支援营	第 342 支援营	 第 345 支援营	第 351 支援营
 第 352 支援营	第 357 支援营	第 371 支援营	第 372 支援营
第 373 战斗维持支援营	第 378 支援营	第 382 支援营	第 394 支援营
第 404 支援营	第 406 支援营	第 407 支援营	第 409 支援营

117

美军部队标识图鉴

第 410 支援营	第 411 基地支援营	第 412 支援营	第 414 支援营
第 415 支援营	第 417 基地支援营	第 419 战斗维持支援营	第 426 支援营
第 427 支援营	第 429 支援营	第 434 支援营	第 449 支援营
第 495 支援营	第 501 支援营	第 503 支援营	第 519 支援营

第二部分　陆军徽章标识

第 524 支援营 　　　第 526 支援营 　　　第 529 支援营 　　　第 530 支援营

第 536 支援营 　　　第 548 支援营 　　　第 553 支援营 　　　第 561 支援营

第 563 支援营 　　　第 589 支援营 　　　第 601 支援营 　　　第 602 支援营

第 603 支援营 　　　第 615 支援营 　　　第 620 支援营 　　　第 626 支援营

美军部队标识图鉴

第 628 支援营	第 630 支援营	第 634 支援营	第 638 支援营
第 640 支援营	第 642 支援营	第 690 支援营	第 695 支援营
第 700 支援营	第 701 支援营	第 702 支援营	第 703 旅支援营
第 704 支援营	第 710 支援营	第 711 支援营	第 725 支援营

第二部分　陆军徽章标识

第 728 支援营	第 729 支援营	第 730 支援营	第 731 支援营
第 735 支援营	第 738 支援营	第 746 支援营	第 749 支援营
第 751 支援营	第 777 支援营	第 782 支援营	第 786 支援营
第 787 支援营	第 801 支援营	第 834 支援营	第 835 战斗维持支援营

美军部队标识图鉴

| 第 900 支援营 | 第 901 支援营 | 第 902 支援营 | 第 915 合同支援营 |

| 第 927 支援营 | 第 935 支援营 | 第 949 支援营 | 第 950 支援营 |

| 第 997 支援营 | 第 3643 支援营 | 第 3678 支援营 |

10. 军械营徽章标识

| 第 3 军械营 | 第 5 军械营 | 第 63 军械营 | 第 70 军械营 |

第二部分　陆军徽章标识

第 73 军械营	第 79 军械营	第 80 军械营	第 84 军械营
第 101 军械营	第 184 军械营	第 187 军械营	第 192 军械营
第 195 军械营	第 303 军械营	第 320 军械营	
第 441 军械营	第 741 军械营	第 832 军械营	

11. 军需营徽章标识

第 30 军需营	第 107 军需营	第 154 军需营	第 158 军需营
第 168 军需营	第 213 军需营	第 240 军需营	第 244 军需营
第 260 军需营	第 262 军需营	第 266 军需营	第 300 军需营
第 307 军需营	第 325 军需营	第 334 军需营	第 345 军需营

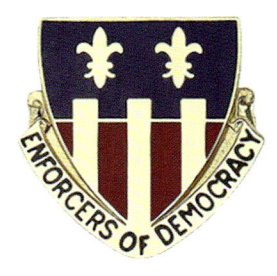

第二部分　陆军徽章标识

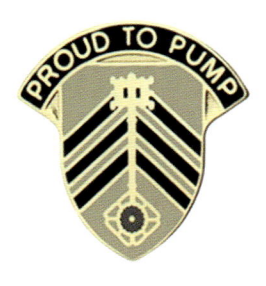

第 356 军需营	第 362 军需营	第 373 军需营	第 380 军需营
第 383 军需营	第 387 军需营	第 423 军需营	第 429 军需营
第 467 军需营	第 473 军需营	第 485 军需营	第 505 军需营
第 540 军需营	第 554 军需营	第 559 军需营	

125

第 687 军需营	第 856 军需营	第 980 军需营

12. 维护保养营徽章标识

第 1 维护保养营	第 4 维护保养营	第 19 维护保养营	第 51 维护保养营
第 67 维护保养营	第 71 维护保养营	第 174 维护保养营	第 242 维护保养营
第 519 维护保养营	第 521 维护保养营	第 541 维护保养营	第 544 维护保养营

第二部分　陆军徽章标识

第 727 维护保养营 　　第 734 维护保养营 　　第 746 维护保养营 　　第 773 维护保养营

13. 民事营徽章标识

第 91 民事营 　　第 96 民事营 　　第 97 民事营 　　第 98 民事营

第 402 民事营 　　第 403 民事营 　　第 404 民事营 　　第 405 民事营

第 407 民事营 　　第 412 民事营 　　第 413 民事营 　　第 414 民事营

127

美军部队标识图鉴

| 第 422 民事营 | 第 425 民事营 | 第 426 民事营 | 第 431 民事营 |

| 第 443 民事营 | 第 445 民事营 | 第 448 民事营 | 第 450 民事营 |

| 第 451 民事营 | 第 478 民事营 | 第 486 民事营 |

| 第 489 民事营 | 第 490 民事营 | 第 492 民事营 |

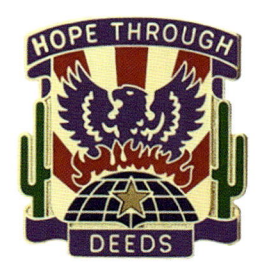

第二部分 陆军徽章标识

14. 军务营徽章标识

第 4 军务营 　　　　第 30 军务营 　　　　第 42 军务营 　　　　第 43 军务营

第 95 军务营 　　　　第 120 军务营 　　　　第 360 军务营

15. 人事勤务营徽章标识

第 1 人事勤务营 　　第 4 人事勤务营 　　第 5 人事勤务营 　　第 10 人事勤务营

第 15 人事勤务营 　　第 18 人事勤务营 　　第 24 人事勤务营 　　第 28 人事勤务营

129

第 49 人事勤务营	第 50 人事勤务营	第 55 人事勤务营	第 56 人事勤务营
第 82 人事勤务营	第 101 人事勤务营	第 105 人事勤务营	第 138 人事勤务营
第 147 人事勤务营	第 149 人事勤务营	第 163 人事勤务营	第 203 人事勤务营
第 217 人事勤务营	第 237 人事勤务营	第 238 人事勤务营	第 408 人事勤务营

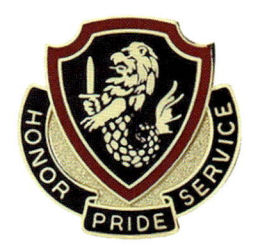

第二部分　陆军徽章标识

| 第 444 人事勤务营 | 第 478 人事勤务营 | 第 502 人事勤务营 | 第 509 人事勤务营 |

| 第 510 人事勤务营 | 第 516 人事勤务营 | 第 546 人事勤务营 | 第 556 人事勤务营 |

| 第 644 人事勤务营 | 第 678 人事勤务营 | 第 847 人事勤务营 |

16. 宪兵营徽章标识

| 第 5 宪兵营 | 第 10 宪兵营 | 第 11 宪兵营 | 第 19 宪兵营 |

美军部队标识图鉴

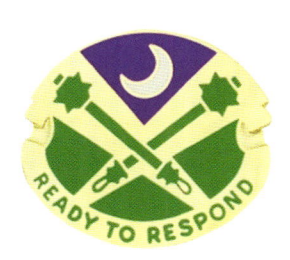

第 22 宪兵营	第 33 宪兵营	第 34 宪兵营	第 51 宪兵营
第 91 宪兵营	第 92 宪兵营	第 93 宪兵营	第 95 宪兵营
第 97 宪兵营	第 104 宪兵营	第 105 宪兵营	第 112 宪兵营
第 115 宪兵营	第 117 宪兵营	第 118 宪兵营	第 125 宪兵营

第二部分　陆军徽章标识

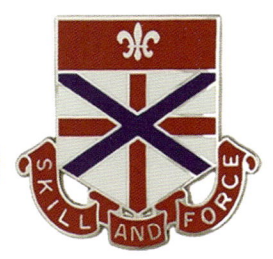

第 136 宪兵营	第 151 宪兵营	第 160 宪兵营	第 168 宪兵营
第 170 宪兵营	第 175 宪兵营	第 192 宪兵营	第 198 宪兵营
第 203 宪兵营	第 204 宪兵营	第 205 宪兵营	第 210 宪兵营
第 231 宪兵营	第 306 宪兵营	第 317 宪兵营	第 320 宪兵营

美军部队标识图鉴

第 324 宪兵营	第 327 宪兵营	第 336 宪兵营	第 372 宪兵营
第 385 宪兵营	第 391 宪兵营	第 393 宪兵营	第 400 宪兵营
第 402 宪兵营	第 437 宪兵营	第 503 宪兵营	第 504 宪兵营
第 519 宪兵营	 第 525 宪兵营	第 530 宪兵营	第 535 宪兵营

第二部分　陆军徽章标识

第 604 宪兵营	第 607 宪兵营	第 701 宪兵营	第 704 宪兵营
第 705 宪兵营	第 709 宪兵营	第 716 宪兵营	第 720 宪兵营
第 724 宪兵营	第 728 宪兵营	第 733 宪兵营	第 744 宪兵营
第 759 宪兵营	第 773 宪兵营	第 783 宪兵营	第 785 宪兵营

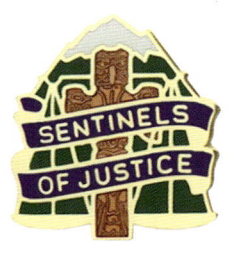

135

| 第787宪兵营 | 第795宪兵营 | 第796宪兵营 |

17. 运输营徽章标识

| 第1运输营 | 第6运输营 | 第7运输营 | 第10运输营 |

| 第11运输营 | 第24运输营 | 第25运输营 | 第49运输营 |

| 第53运输营 | 第57运输营 | 第58运输营 | 第71运输营 |

第二部分　陆军徽章标识

| 第 106 运输营 |  第 112 运输营 | 第 137 运输营 | 第 180 运输营 |

| 第 190 运输营 | 第 246 运输营 | 第 254 运输营 | 第 257 运输营 |

| 第 272 运输营 | 第 332 运输营 | 第 334 运输营 | 第 348 运输营 |

| 第 354 运输营 | 第 385 运输营 | 第 419 运输营 | 第 420 运输营 |

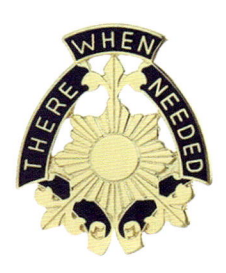

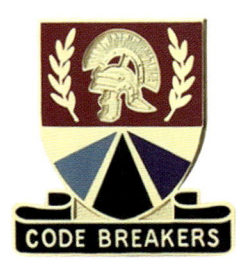

137

美军部队标识图鉴

| 第 450 运输营 | 第 457 运输营 | 第 483 运输营 | 第 615 运输营 |

| 第 718 运输营 | 第 719 运输营 | 第 734 运输营 | 第 757 运输营 |

| 第 765 运输营 | 第 766 运输营 | 第 812 运输营 | 第 828 运输营 |

18. 医务营徽章标识

| 第 32 医务营 | 第 36 医务营 | 第 56 医务营 | 第 61 医务营 |

第二部分 陆军徽章标识

| 第 85 医务营 | 第 93 医务营 | 第 104 医务营 | 第 106 医务营 |

| 第 110 医务营 | 第 111 医务营 | 第 118 医务营 | 第 146 医务营 |

| 第 151 医务营 | 第 161 医务营 | 第 172 医务营 | 第 180 医务营 |

| 第 187 医务营 | 第 204 医务营 | 第 205 医务营 |

美军部队标识图鉴

第 226 医务营 　　第 232 医务营 　　第 264 医务营

第 341 医务营 　　第 424 医务营 　　第 427 医务营

19. 财务营徽章标识

第 1 财务营 　　第 4 财务营 　　第 8 财务营 　　第 9 财务营

第 15 财务营 　　第 27 财务营 　　第 28 财务营 　　第 30 财务营

第二部分　陆军徽章标识

第 33 财务营	第 40 财务营	 第 49 财务营	 第 50 财务营
第 82 财务营	第 101 财务营	第 126 财务营	第 130 财务营
第 153 财务营	第 158 财务营	第 208 财务营	第 210 财务营
第 215 财务营	第 230 财务营	第 325 财务营	第 338 财务营

美军部队标识图鉴

| 第 368 财务营 | 第 374 财务营 | 第 376 财务营 | 第 395 财务营 |

| 第 453 财务营 | 第 501 财务营 | 第 726 财务营 |

20. 太空营徽章标识

| 第 1 太空营 | 第 117 太空营 |

21. 补充兵营徽章标识

| 第 347 补充兵营 | 第 380 补充兵营 | 第 381 补充兵营 |

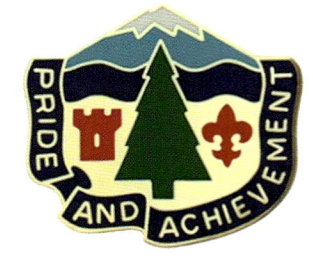

第二部分　陆军徽章标识

（十）部队编成司令部徽章标识

1. 维护保养司令部徽章标识

第 1 维护保养司令部	第 3 维护保养司令部	第 4 维护保养司令部	第 8 战区维护保养司令部
第 13 维护保养司令部	第 19 维护保养司令部	第 21 维护保养司令部	第 30 维护保养司令部
第 103 维护保养司令部	第 135 维护保养司令部	第 143 维护保养司令部	第 167 维护保养司令部
第 184 维护保养司令部	第 310 维护保养司令部	第 311 维护保养司令部	第 316 维护保养司令部

美军部队标识图鉴

第 364 维护保养司令部 　　第 377 战区维护保养司令部 　　第 593 维护保养司令部

2. 支援司令部徽章标识

第 1 支援司令部 　　第 2 支援司令部 　　第 7 支援司令部 　　第 9 任务支援司令部

第 9 支援司令部 　　第 20 支援司令部 　　第 22 支援司令部 　　第 63 地区支援司令部

第 79 预备役支援司令部 　　第 81 支援司令部 　　第 85 预备役支援司令部 　　第 87 预备役支援司令部

第二部分　陆军徽章标识

| 第 88 地区支援司令部 | 第 2 支援中心 | 第 19 支援中心 | 第 130 支援中心 |

3. 通信司令部徽章标识

| 第 5 通信司令部 | 第 7 通信司令部 | 第 311 通信司令部 | 第 335 通信司令部 |

4. 信息作战司令部徽章标识

| 第 1 信息作战司令部（盾徽） | 第 1 信息作战司令部（臂章） |

5. 航空司令部徽章标识

| 第 11 航空司令部 | 第 66 战区航空司令部 |

美军部队标识图鉴

6. 工兵司令部徽章标识

第 412 工兵司令部 　　　　　　　　第 416 工兵司令部

7. 宪兵司令部徽章标识

第 14 宪兵司令部 　　第 46 宪兵司令部 　　第 200 宪兵司令部 　　第 260 宪兵司令部

8. 防空反导司令部徽章标识

第 10 防空反导司令部 　　　　　　第 32 防空反导司令部

第 94 防空反导司令部 　　　　　　第 263 防空反导司令部

第二部分　陆军徽章标识

9. 人事勤务司令部徽章标识

第 1 人事勤务司令部 　　　第 3 人事勤务司令部 　　　第 10 人事勤务司令部

10. 训练司令部徽章标识

第 80 训练司令部 　　　第 84 训练司令部

11. 地区戒备司令部徽章标识

第 81 地区戒备司令部 　　　第 99 地区戒备司令部

12. 民事司令部徽章标识

第 350 民事司令部 　　第 351 民事司令部 　　第 352 民事司令部 　　第 353 民事司令部

13. 医务司令部徽章标识

第 3 医务司令部 　　　　第 30 医务司令部 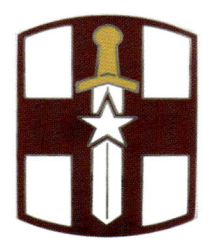　　　　第 801 医务司令部

14. 运输司令部（中心）徽章标识

第 4 运输司令部 　　　　第 1 运输中心 　　　　第 318 运输中心

第 330 运输中心 　　　　第 502 运输中心

15. 化学司令部徽章标识

第 3 化学司令部

第二部分　陆军徽章标识

（十一）医院徽章标识

第 4 后送医院	第 8 野战医院	第 10 战斗支援医院	第 14 野战医院
第 21 战斗支援医院	第 28 战斗支援医院	第 31 野战医院	第 31 战斗支援医院
第 32 战斗支援医院	第 44 后送医院	第 47 战斗支援医院	第 48 战斗支援医院
 第 75 战斗支援医院	第 86 战斗支援医院	第 94 战斗支援医院	第 115 野战医院

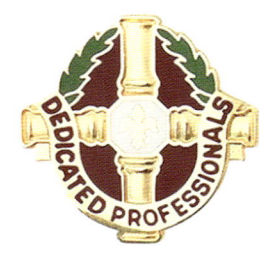

149

美军部队标识图鉴

第 131 外科医院	第 207 后送医院	第 228 战斗支援医院	第 249 综合医院
第 256 战斗支援医院	 第 305 野战医院	第 321 野战医院	第 325 战斗支援医院
第 328 战斗支援医院	第 339 战斗支援医院	 第 344 战斗支援医院	第 369 战斗支援医院
第 801 战斗支援医院	第 914 战斗支援医院	第 5010 医院	第 6250 医院

第三部分

海军陆战队徽章标识

海军陆战队军旗　　　　　　　　海军陆战队徽章

一、美国海军陆战队基本情况

美国海军陆战队（United States Marine Corps）创建于北美独立战争时期，于 1775 年 11 月 10 日由北美大陆会议授权成立，时称"大陆陆战队"，独立战争后曾一度解散。1794 年，国会授权重建海军陆战队，1798 年 7 月正式成军。按规定，美国海军陆战队虽然是一个独立军种且在体制和军种文化上有别于海军，但在行政上受海军部长的领导并执行海军的规定，其作战部队由海军部指派给太平洋舰队司令部和舰队部队司令部，或单独执行战区作战、驻舰防护和特定作战任务。

（一）领导机构

领导管理司令部，即管理陆战队部队建设发展事务的司令部，现有 7 个，分别为陆战队部队司令部、太平洋陆战司令部、陆战队作战发展司令部、陆战队后勤司令部、陆战队系统司令部、陆战队教育与训练司令部和陆战队后备部队司令部，负责陆战队部队的准则拟制、教育训练、作战评估、后勤设施、装备采购、技术支援、后备人力等事务。其中，陆战队部队司令部还兼任美军北方总部所属陆战队司令部，太平洋陆战司令部还兼任美军印太总部所属陆战队司令部，拥有行政管理、发展建设、作战指挥等完整权责。

作战指挥司令部，即美军联合作战司令部所属陆战队组成司令部，现包括欧洲/非洲总部、中央总部、南方总部所属的陆战队司令部，以及陆战队特种作战司令部、陆战队战略司令部和陆战队网络空间司令部，负责某个战区或职能领域内陆战队部队的行政管理和作战指挥事务。

（二）美国海军陆战队部队编成

美国海军陆战队现役部队在行政编组上主要编入陆战队部队司令部和太平洋陆战司令部队，共编 3 个陆战师、3 个陆战航空联队和 3 个陆战勤务支援大队。此外，陆战队后备部队司令部还下辖后备陆战师、陆战航空联队、陆战勤务支援大队各 1 个。

1. 陆战师

陆战师是陆战队地面作战部队的最大行政编组，编制约 1.8 万人，师长为少将军衔。第 1、3 陆战师隶属于太平洋陆战司令部，分别驻扎在加利福尼亚州彭德尔顿兵营和日本冲绳科特尼兵营；第 2 陆战师隶属于陆战队部队司令部，驻扎在北卡罗来纳州勒任兵营；第 4 陆战师隶属于陆战队后备部队司令部，驻扎在路易斯安那州新奥尔良。

2. 陆战航空联队

陆战航空联队是陆战队航空兵部队的最大行政编组，编制约 1.5 万人，指挥官为少将军衔。第 1、3 陆战航空联队隶属于太平洋陆战司令部，分别驻扎在日本冲绳福斯特兵营和加利福尼亚州米拉马兵营；第 2 陆战航空联队隶属于陆战队部队司令部，驻扎在北卡罗来纳州切里岬兵营；第 4 陆战航空联队隶属于陆战队后备部队司令部，驻扎在路易斯安那州新奥尔良。

3. 陆战勤务支援大队

陆战勤务支援大队编制 8300～9500 人，指挥官为上校军衔。第 1、3 陆战勤务支援大队隶属于太平洋陆战队司令部，分别驻扎于加利福尼亚州彭德尔顿兵营和日本冲绳；第 2 陆战勤务支援大队隶属于陆战队部队司令部，驻扎于北卡罗来纳州勒任兵营；第 4 陆战勤务支援大队隶属于陆战队后备部队司令部，驻扎于路易斯安那州新奥尔良。

二、美国海军陆战队徽章标识

美国海军陆战队佩戴徽章的历史可以追溯到第一次世界大战。第一次世界大战结束时，各国陆军已经不再佩戴徽章，而此时航空兵部队逐渐显露头角，登上了历史的舞台，开始佩戴特色徽章。20 世纪 20 年代到 30 年代，美国海军陆战队航空兵部队一直佩戴特色徽章。直至第二次世界大战（简称"二战"）在欧洲爆发，美国海军陆战队地面部队才再次开始佩戴徽章。1943 年 3 月 5 日，美国海军陆战队司令发布指令将徽章

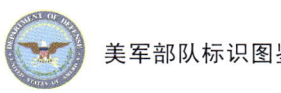

佩戴正式化，该指令规定：经过慎重考虑，决定授予军、师一级部队特色徽章。1943年10月27日，美国海军陆战队司令发布第569号指令，允许更多的部队拥有特色徽章，并首次对徽章的式样、类型和佩戴方式提供了具体指导。直至二战结束，美国海军陆战队至少授权33个部队拥有特色徽章，还有更多部队在未经授权的情况下使用特色徽章。美国海军部队（海军陆战队隶属于海军部队）拥有徽章的时间没有持续很久，美国军方上层认为佩戴特色徽章是战时临时措施。1947年9月23日，美国海军陆战队司令发布第1499号指令，禁止美国海军陆战队在1947年12月31日以后佩戴特色徽章。美国海军陆战队地面部队能够遵守该指令，但美国海军陆战队航空兵部队未能落实该指令。最终，美国海军作战部长发布指令5030.4B，批准美国海军陆战队航空兵部队佩戴特色徽章。虽然美国海军作战部长也曾尝试在1963年发布指令允许美国海军陆战队地面部队佩戴特色徽章，但美国海军陆战队司令一直没有批准。如今，情况已经与往日不同，美国海军陆战队采用两套指令体系规定部队的特色徽章和标识。美国海军陆战队航空兵部队由美国海军作战部长发布的指令5030.4G约束；其他部队由美国海军陆战队发布的指令5750.1H约束，该指令由美国海军陆战队历史部主任以美国海军陆战队司令的名义制定。美国海军陆战队航空兵部队需要提交部队的特色徽章至美国海军陆战队历史部主任处审核，并最终交由美国海军作战部长批准。而其他不受美国海军作战部长发布的指令5030.4G约束的部队则无须向美国海军陆战队总部或历史部主任提交申请便可使用部队特色徽章，这种使用特色徽章的行为是非官方的，因此无须得到批准。然而，美国海军陆战队发布的命令5750.1H规定，部队需要向历史部主任提交一份特色徽章的彩色图像和简介，以供未来参考、研究。需要注意的是，部队在向历史部主任提交特色徽章的设计、描述、含义之前最好要得到部队指挥官的批准。

三、本书海军陆战队徽章标识

本书所展示的美国海军陆战队徽章包含司令部机构、作战编组、地面作战部队和航空兵部队4个部分，其中地面作战部队细化到部分陆战连；作战编组细化到陆战远征小队；航空兵部队按照联队、大队、中队的编制，按照职能任务进行了分类。需要说明的是，有些部队目前已经处于退役或撤编状态；有些部队由于装备的更换或者升级，部队代称缩写发生了变化，但其徽章标识没有改变。因此，读者可能会发现有些徽章会有重复，但其指代的其实是同一支部队，希望读者能够区别看待。

第三部分　海军陆战队徽章标识

（一）司令部机构徽章标识

陆战队部队司令部	陆战队战略司令部	陆战队系统司令部	陆战队后备部队司令部
陆战队教育与训练司令部	陆战队特种作战司令部	陆战队作战发展司令部	陆战队后勤司令部
陆战队网络空间司令部	太平洋陆战司令部	中央总部陆战队司令部	南方总部陆战队司令部
大西洋陆战队司令部	北方总部陆战队司令部	非洲总部陆战队司令部	欧洲总部陆战队司令部

155

美军部队标识图鉴

（二）海军陆战队作战编组徽章标识

1. 陆战远征部队（MEF）徽章标识

| 第 1 陆战远征部队 | 第 2 陆战远征部队 | 第 3 陆战队远征部队 |

2. 陆战远征旅（MEB）徽章标识

| 第 1 陆战远征旅 | 第 2 陆战远征旅 | 第 3 陆战远征旅 |

3. 陆战远征小队（MEU）徽章标识

| 第 11 陆战远征小队 | 第 13 陆战远征小队 | 第 15 陆战远征小队 | 第 22 陆战远征小队 |

| 第 24 陆战远征小队 | 第 26 陆战远征小队 | 第 31 陆战远征小队 |

第三部分 海军陆战队徽章标识

（三）海军陆战队地面作战部队徽章标识

1. 陆战师徽章标识

陆战 1 师

陆战 2 师

陆战 3 师

陆战 4 师

陆战 5 师

陆战 6 师

2. 步兵团徽章标识

陆战 1 团

陆战 2 团

陆战 3 团

陆战 4 团

陆战 5 团

陆战 6 团

陆战 7 团

陆战 8 团

157

陆战 9 团	陆战 22 团	陆战 23 团
陆战 24 团	陆战 25 团	陆战 26 团
陆战 27 团	陆战 28 团	陆战 29 团

3. 炮兵团徽章标识

陆战 10 团	陆战 11 团	陆战 12 团

第三部分　海军陆战队徽章标识

陆战 13 团 　　　　　　　　　　陆战 14 团

4. 特战、伞兵、训练团徽章标识

奇袭者团 　　　　　　伞兵团 　　　　　　新兵训练团

5. 勤务支援大队徽章标识

第 1 勤务支援大队 　　第 2 勤务支援大队 　　第 3 勤务支援大队 　　第 4 勤务支援大队

6. 战斗勤务团徽章标识

第 1 战斗勤务团 　　第 2 战斗勤务团 　　第 3 战斗勤务团 　　第 15 战斗勤务团

美军部队标识图鉴

第 17 战斗勤务团 　　　第 25 战斗勤务团 　　　第 27 战斗勤务团

第 35 战斗勤务团 　　　第 37 战斗勤务团 　　　第 45 战斗勤务团

7. 步兵营徽章标识

陆战 1 团 1 营 　　陆战 1 团 2 营 　　陆战 1 团 3 营 　　陆战 2 团 1 营 　　陆战 2 团 2 营

陆战 2 团 3 营 　　陆战 3 团 1 营 　　陆战 3 团 2 营 　　陆战 3 团 3 营 　　陆战 4 团 1 营

第三部分　海军陆战队徽章标识

陆战4团2营	陆战4团3营	陆战5团1营	陆战5团2营	陆战5团3营
陆战6团1营	陆战6团2营	陆战6团3营	陆战7团1营	陆战7团2营
陆战7团3营	陆战8团1营	陆战8团2营	陆战8团3营	陆战9团1营
陆战9团2营	陆战9团3营	陆战23团1营	陆战23团2营	陆战23团3营
陆战24团1营	陆战24团2营	陆战24团3营	陆战25团1营	陆战25团2营

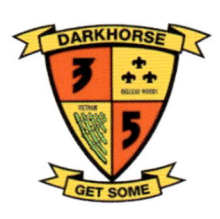

美军部队标识图鉴

陆战25团3营 　　　　　陆战26团1营 　　　　　陆战26团2营

陆战26团3营 　　　　　陆战27团1营 　　　　　陆战27团3营

8. 炮兵营徽章标识

陆战10团1营 　陆战10团2营 　陆战10团3营 　陆战10团4营 　陆战10团5营

陆战11团1营 　陆战11团2营 　陆战11团3营 　陆战11团4营 　陆战11团5营

陆战12团1营 　陆战12团2营 　陆战12团3营 　陆战12团4营

第三部分　海军陆战队徽章标识

| 陆战14团1营 | 陆战14团2营 | 陆战14团3营 | 陆战14团4营 | 陆战14团5营 |

9. 坦克营徽章标识

| 第1坦克营 | 第2坦克营 | 第3坦克营 | 第4坦克营 | 第5坦克营 |

10. 轻型装甲侦察营徽章标识

| 第1轻型装甲侦察营 | 第2轻型装甲侦察营 | 第3轻型装甲侦察营 | 第4轻型装甲侦察营 |

11. 两栖突击营徽章标识

| 第2两栖突击营 | 第3两栖突击营 | 第4两栖突击营 | 战斗突击营 |

163

12. 侦察营徽章标识

| 第1侦察营 | 第2侦察营 | 第3侦察营 | 第4侦察营 | 第5侦察营 |

两栖侦察营

空地特遣部队侦察营

13. 战斗工兵营（工兵营）徽章标识

| 第1战斗工兵营 | 第2战斗工兵营 | 第3战斗工兵营 | 第4战斗工兵营 |

| 第6工兵营 |  第7工兵营 | 第9工兵营 | 第11工兵营 |

第三部分 海军陆战队徽章标识

14. 战斗勤务营徽章标识

第1战斗勤务营	第2战斗勤务营	第3战斗勤务营	第4战斗勤务营
第5战斗勤务营	 第6战斗勤务营	第7战斗勤务营	第8战斗勤务营
第11战斗勤务营	第13战斗勤务营	第15战斗勤务营	第22战斗勤务营
第24战斗勤务营	第26战斗勤务营	第31战斗勤务营	

15. 特种作战营徽章标识

| 特种作战第 1 指挥分遣队 | 奇袭者团 1 营 | 奇袭者团 2 营 | 奇袭者团 3 营 |

| 奇袭者支援大队 | 第 1 营 | 第 2 营 | 第 3 营 |

16. 情报营徽章标识

| 第 1 情报营 | 第 2 情报营 | 第 3 情报营 |

| 特种作战情报营 | 情报支援营 |

第三部分 海军陆战队徽章标识

17. 通信营徽章标识

| 第1无线电营 | 第2无线电营 | 第3无线电营 | 密码勤务营 |

| 第5通信营 | 第6通信营 | 第7通信营 | 第8通信营 | 第9通信营 |

18. 防空/防卫营徽章标识

| 第2低空防空营 | 第3低空防空营 |

| 第1防卫营 | 第13防卫营 | 第18防卫营 | 第51防卫营 | 第52防卫营 |

美军部队标识图鉴

19. 维护营徽章标识

| 第1维护营 | 第2维护营 | 第3维护营 | 第4维护营 |

20. 供给营徽章标识

| 第1供给营 | 第2供给营 | 第3供给营 | 第4供给营 |

21. 医务营徽章标识

| 第1医务营 | 第2医务营 | 第3医务营 | 第4医务营 |

| 第1牙医营 | 第2牙医营 | 第3牙医营 |

第三部分　海军陆战队徽章标识

22. 司令部营徽章标识

| 陆战 1 师司令部营 | 陆战 2 师司令部营 | 陆战 3 师司令部营 | 陆战 4 师司令部营 |

| 第 4 勤务大队司令部及服务营 | 卡内奥赫湾基地司令部营 | 帕里斯岛基地司令部营 |

| 亨德森大厅司令部及服务营 | 使馆警卫队司令部及服务营 | 圣迭戈新兵训练营司令部营 |

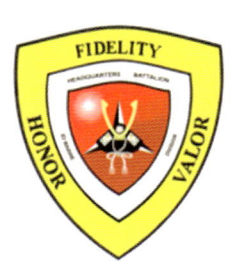

23. 新兵训练营徽章标识

| 第 1 新兵训练营 | 第 2 新兵训练营 | 第 3 新兵训练营 | 第 4 新兵训练营 |

169

24. 其他营级分队徽章标识

| 金斯湾基地安全部队营 | 第4登陆支援营 | 第6摩托运输营 | 生化事件处置营 |

25. 侦察连徽章标识

| 第2武装侦察连 | 第3武装侦察连 | 第4武装侦察连 |

26. 战斗勤务独立连徽章标识

| 第11战斗勤务连 | 第16战斗勤务连 | 第21战斗勤务连 |

| 第23战斗勤务连 | 第35战斗勤务连 | 第36战斗勤务连 |

第三部分 海军陆战队徽章标识

27. 其他连级分队徽章标识

| 陆战4团2营E连 | 陆战4团3营L连 | 陆战5团2营F连 |

| 第1坦克营反坦克连 | 安全部队训练连 | 密码支援营B连 |

| 密码支援营I连 | 密码支援营司令部连 | 陆战2师司令部通信连 |

28. 学校/训练中心徽章标识

| 工兵学校 | 武器及野战训练营 | 战术通信学校 | 两栖攻击学校 |

美军部队标识图鉴

山地战训练中心	丛林作战训练中心	通信电子维护学校
圣迭戈新兵训练营	帕里斯岛新兵训练基地	通信电子学校	战斗支援学校

29. 军事设施/机构徽章标识

巴斯托军营	匡提科基地	勒热纳军营	彭德尔顿军营
夏威夷基地	奥尔巴尼后勤基地	吉尔伯特约翰森军营	华盛顿军营

第三部分　海军陆战队徽章标识

| 海军陆战队实验室 | 布鲁克岛司令部 | 亨德森大厅 |  石湾军营 |

| 海军陆战队大使馆警卫队 | 海军陆战队协调委员会 | 29 棕榈空地作战中心 |

（四）海军陆战队航空兵部队徽章标识

海军陆战队航空兵

1. 海军陆战队航空联队徽章标识

| 第 1 陆战航空联队 |  第 2 陆战航空联队 |

美军部队标识图鉴

第 3 陆战航空联队 　　　　　　　第 4 陆战航空联队

2. 海军陆战队航空兵大队徽章标识

第 4 联队支援训练大队 　　第 10 飞机大队 　　第 11 飞机大队 　　第 12 飞机大队

第 13 飞机大队 　　第 14 飞机大队 　　第 15 飞机大队 　　第 16 飞机大队

第 17 联队勤务大队 　　第 18 空中控制大队 　　第 20 飞机大队 　　第 21 训练保障大队

第 22 飞行训练大队 　　第 23 训练保障大队 　　第 24 飞机大队 　　第 26 飞机大队

第三部分　海军陆战队徽章标识

第 27 飞机大队	第 28 空中控制大队	第 29 飞机大队	第 31 飞机大队
第 33 飞机大队	第 33 训练保障大队	第 36 飞机大队	第 37 联队勤务大队
第 38 指挥控制大队	第 39 飞机大队	第 41 飞机大队	第 42 飞机大队
第 46 飞机大队	第 47 联队勤务大队	第 48 空中控制大队	第 49 飞机大队
第 53 训练保障大队	第 56 飞机大队	第 70 飞机大队	

175

美军部队标识图鉴

3. 战斗攻击机中队（VMFA）徽章标识

第 101 训练中队	第 112 中队	第 115 中队
第 121 中队	第 122 中队	第 134 中队

第 142 中队	第 212 中队	第 224 中队	第 225 中队	第 232 中队
第 235 中队	第 242 中队	 第 251 中队	第 312 中队	第 314 中队
第 323 中队	第 332 中队	第 401 训练中队	第 501 训练中队	第 533 中队

第三部分 海军陆战队徽章标识

4. 攻击机中队（VMA）徽章标识

| 第 124 中队 | 第 133 中队 | 第 203 训练中队 | 第 211 中队 |

| 第 214 中队 | 第 223 中队 | 第 231 中队 | 第 233 中队 |

| 第 311 中队 | 第 322 中队 | 第 324 中队 | 第 331 中队 |

| 第 333 中队 | 第 513 中队 | 第 542 中队 |

5. 电子攻击机中队（VMAQ）徽章标识

| 第 1 中队 | 第 2 中队 | 第 3 中队 | 第 4 中队 |

177

美军部队标识图鉴

6. 无人机中队（VMU）徽章标识

| 第 1 中队 | 第 2 中队 | 第 3 中队 | 第 4 中队 |

7. 重型直升机中队（HMH）徽章标识

| 第 361 中队 | 第 362 中队 | 第 363 中队 | 第 366 中队 | 第 461 中队 |

| 第 462 中队 | 第 463 中队 | 第 464 中队 | 第 465 中队 |

| 第 466 中队 | 第 769 中队 | 第 772 中队 | 第 777 中队 |

8. 中型直升机中队（HMM）徽章标识

| 第 162 中队 | 第 163 中队 | 第 164 训练中队 | 第 165 中队 | 第 264 中队 |

第三部分　海军陆战队徽章标识

第 265 中队	第 266 中队	第 268 中队	第 363 中队	第 364 中队

| 第 365 中队 | 第 561 中队 | 第 764 中队 | 第 768 中队 | 第 769 中队 |

| 第 773 中队 | 第 774 中队 | 第 776 中队 | 第 302 训练中队 |

9. 轻型（攻击）直升机中队（HML/A）徽章标识

| 第 167 中队 | 第 169 中队 | 第 267 中队 | 第 269 中队 | 第 303 训练中队 |

| 第 367 中队 | 第 369 中队 | 第 467 中队 | 第 469 中队 | 第 765 中队 |

美军部队标识图鉴

| 第 770 中队 | 第 773 中队 | 第 775 中队 | 第 867 中队 |

10. 中型偏转翼机中队（VMM）徽章标识

| 第 161 中队 |  第 162 中队 | 第 166 中队 |  第 204 训练中队 |

| 第 261 中队 | 第 262 中队 | 第 263 中队 | 第 264 中队 |

| 第 265 中队 | 第 266 中队 | 第 365 中队 |

11. 司令部中队（MWHS）徽章标识

| 第 1 联队司令部中队 |  第 2 联队司令部中队 | 第 3 联队司令部中队 |

12. 基地中队（MABS）徽章标识

| 第 11 中队 | 第 12 中队 | 第 13 中队 |

| 第 16 中队 | 第 31 中队 | 第 36 中队 |

13. 航空后勤中队（MALS）徽章标识

| 第 11 中队 | 第 12 中队 | 第 13 中队 | 第 14 中队 | 第 16 中队 |

| 第 24 中队 | 第 26 中队 | 第 29 中队 | 第 31 中队 | 第 36 中队 |

美军部队标识图鉴

| 第 39 中队 | 第 41 中队 | 第 42 中队 | 第 49 中队 |

14. 联队勤务中队（MWSS）徽章标识

| 第 1 中队 | 第 28 中队 | 第 171 中队 | 第 172 中队 |

| 第 271 中队 | 第 272 中队 | 第 273 中队 | 第 274 中队 |

| 第 371 中队 | 第 372 中队 | 第 373 中队 | 第 374 中队 |

第三部分　海军陆战队徽章标识

| 第 471 中队 | 第 472 中队 | 第 473 中队 |

15. 空中支援中队（MASS）徽章标识

| 第 1 中队 | 第 2 中队 | 第 3 中队 | 第 6 中队 |

16. 加油机中队（VMGR）徽章标识

| 第 152 中队 | 第 234 中队 | 第 252 中队 |

| 第 253 训练中队 | 第 352 中队 | 第 452 中队 |

17. 空中控制中队（MACS）徽章标识

第 1 中队 　　　　第 2 中队 　　　　第 3 中队

第 4 中队 　　　　第 22 中队 　　　　第 23 中队

18. 战术空中控制中队（MTACS）徽章标识

第 18 中队 　　　第 28 中队 　　　第 38 中队 　　　第 48 中队

19. 联队通信中队（MWCS）徽章标识

第 18 中队 　　　　第 38 中队 　　　　第 48 中队

第三部分　海军陆战队徽章标识

20. 司令部维持中队（H&MS）徽章标识

第 15 维持中队 　　　第 16 维持中队 　　　第 26 维持中队

第 31 维持中队 　　　第 32 维持中队 　　　第 36 维持中队

21. 其他中队徽章标识

第 22 试验评估中队 　　第 12 飞机保养中队 　　第 33 飞机保养中队 　　第 27 飞机维修中队

第 1 航空武器与战术中队 　　海军陆战队 1 号 　　第 28 空中管制中队

美军部队标识图鉴

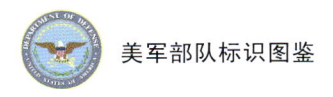

22. 海军陆战队航空站徽章标识

| 波福特航空站 | 卡内奥赫航空站 | 匡提科航空站 | 新河航空站 |

| 岩国航空站 | 塔斯廷航空站 | 普天间航空站 | 尤马航空站 |

| 米拉马尔海航站 | 航空兵彭德尔顿军营航空站 | 埃尔托罗海航站 | 切里波因特海航站 |

第四部分

海军徽章标识

美军部队标识图鉴

海军旗帜　　　　　　　　　　海军徽章

一、美国海军基本情况

美国海军（United States Navy）前身是北美独立战争爆发时组建的"大陆海军"，于 1775 年 10 月由北美大陆会议授权成立，独立战争结束后解散。1795 年，为协助陆军实施近海防御和保护海运，美国海军得以重建。1798 年，美国国会决定成立海军部，其主要职能是配备、训练和武装一支有能力赢得战争、阻止入侵和保证海域自由的海军战斗部队。海军和海军陆战队均归海军部领导，但两者为两个独立军种。

（一）领导机构

领导管理司令部，即管理海军部队建设发展事务的司令部，现有 12 个，分别为海军舰队部队司令部、太平洋舰队司令部、作战试验与鉴定部队司令部、设施司令部、设施工程系统司令部、海上系统司令部、航空系统司令部、海军信息战系统司令部、战略系统项目司令部、供应系统司令部、教育与训练司令部和后备队司令部，负责海军部队的准则拟制、教育训练、作战评估、后勤设施、装备采购、技术支援、后备人力等事务。

作战指挥司令部，即美军联合作战司令部所属海军组成司令部，现有 6 个，分别为欧洲/非洲、中央、南方总部所属的海军司令部，以及特种作战司令部、网络空间司令部和军事海运司令部，负责某个战区或职能领域内海军部队的作战指挥和行政管理事务。

专业司令部（直属单位），即直属于海军作战部的专业司令部或单位，现有 5 个，分别为法律事务司令部、保密大队司令部、气象与海洋司令部、海军军官学校和海军观测台，负责承办相关专业事务。

（二）美国海军部队编成

海军部队主要编入海军舰队部队司令部、太平洋舰队司令部及军事海运司令部。

1. 海军舰队部队司令部

水面部队司令部下辖6个驱逐舰中队、3个两栖中队、1个濒海战斗舰中队、1个海岸巡逻艇中队、2个战术航空管制中队、2个水面部队中队，以及海军滩岸大队、大西洋海上训练大队等。

航空兵部队司令部辖6艘航空母航（简称"航母"）、4个舰载机联队、1个战斗攻击机联队、1个巡逻侦察机联队、1个海上打击直升机联队、1个海上战斗直升机联队，以及航空试验与评估中队等，共编有15个战斗攻击机中队、7个巡逻机中队、1个无人巡逻机中队、8个海上战斗直升机中队、6个海上打击直升机中队和3个扫雷直升机中队。

潜艇部队司令部下辖2个潜艇大队、3个独立潜艇中队，以及海军潜艇支援中心、地区支援大队、水下作战发展中心、西大西洋反潜战部队司令部等。

2. 太平洋舰队司令部

水面部队司令部下辖2个水面舰艇大队、7个驱逐舰中队、1个朱姆沃尔特中队、1个濒海战斗舰中队、3个反水雷中队、4个两栖中队，以及战术空中控制大队、太平洋海上训练大队、滩岸大队、水面和水雷作战发展中心等。

航空兵部队司令部，亦为美海军航空兵的兵种司令部，下辖5个舰载机联队、1个战斗攻击机联队、1个电子攻击联队、1个巡逻侦察机联队、1个战略通信联队、1个空中指挥控制与后勤联队、1个海上打击直升机联队、1个海上战斗直升机联队、1个航空试验与评估中队等，共编有23个战斗攻击机中队、14个战术电子攻击中队、6个巡逻机中队、1个特种巡逻机中队、4个航空侦察中队、10个舰载预警机中队、3个舰队后勤支援中队、12个海上战斗直升机中队、11个海上打击直升机中队。

潜艇部队司令部下辖2个潜艇大队、4个独立潜艇中队、1个潜艇发展中队，以及横须贺海军数据中心、反潜战部队司令部、水下监视司令部、珍珠港海军潜艇支援中心等。

3. 军事海运司令部

下设大西洋、太平洋、欧洲、中央、远东5个地区军事海运司令部，共辖战斗后勤、勤务支援、战略海运、特种任务4类128艘舰船。

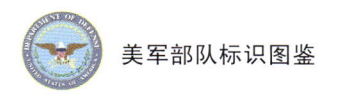

二、美国海军徽章标识

19世纪末，海军纹章成为识别各国海军舰艇的主要形式。海军纹章通常包括徽章、印章、饰章或为某艘舰艇（或沿袭舰名的一系列舰艇）设计的纹章。在英联邦国家中，该纹章的形制是称作舰徽的大型饰板，悬挂于舰艇上层建筑前方。在美国海军中，该纹章称作舰章，是该舰乘员徽章的组成部分，通过物品上的海军纹章，可以轻易识别其归属的舰艇。各国海军常常制作印有海军纹章的帽子、文具、奖杯、纪念品和礼物，许多国家的海军也会在炮口塞上标识舰徽。海军纹章通常遵循该国的纹章传统，但也具有特殊性。

第一次世界大战后，美国海军授予舰艇和海军航空兵部队首个半官方部队徽章。之后，该徽章又广泛应用于各战斗机、侦察机、观测机、水上巡逻机、鱼雷攻击机中队。在1930年之前，这些海军航空兵中队大多都拥有了辨识度很高的特色徽章，这些徽章的设计方案由各中队提交给美国海军航空局审核批准。早些时候，美国海军还没有出台关于海军航空兵部队徽章设计的规定，但这些徽章大多都反映了各中队的任务及其部署的区域。在第二次世界大战期间，水面舰艇和潜艇拥有特色徽章逐渐成为"风尚"，岸上设施也开始拥有各自的徽章。随着海军部队数量的迅速增长，其徽章的数量也呈井喷式增长，海军徽章设计人员不得不依靠华特·迪士尼和华纳兄弟工作室的帮助才能勉强完成工作。大多数海军部队的徽章都得到了官方的批准和记录，但遗憾的是，仍然有很多徽章没有得到官方批准，无法进行考证。第二次世界大战期间，美国海军仍然没有关于特色徽章的规定，直至战争结束后的1950年初，美国海军作战部长发布了海军作战部长指令5030.4，鼓励还没有特色徽章的海军部队尽快落实，并对徽章形制进行了一些基本规定。自此之后，该指令进行了多次修改，当前生效的是海军作战部长指令5030.4G。当前，海军航空兵部队特色徽章必须经由海军作战部空中作战部主任（OPNAV N98）批准。不符合最新版本指令规定，但在指令第一版生效前就已经使用的特色徽章，只要未经进一步改动，就可以沿用。在第二次世界大战期间，除少部分由好莱坞工作室协助设计的特色徽章之外，绝大多数特色徽章是由部队成员针对部队情况设计的。当今，新造舰艇的第一任指挥官也要负责为舰艇设计、申请徽章。虽然在设计上有很大的回旋余地，但大多数指挥官依然需要陆军纹章学院专业人员的辅助。所有获批徽章都由美国海军历史和传承司令部记录。

三、本书美国海军徽章标识

本书美国海军徽章标识按照海军领导机构及相关单位、海军舰艇部队、海军航空兵部队进行归类。海军舰艇部队主要以海军现役舰艇建制单位和海军舰种进行区分，徽章标识详细至单艇、单舰。海军航空兵部队主要以现役航空兵作战部队为主，区分联队和中队两级，按照职能和机型进行区分。由于美国海军航空兵经历过较大规模的调整改革，因此本部分徽章标识不仅限于现役中队，还包含历史上曾经存在的一些飞行部队。此外，有些部队经历了机型的更换，飞行中队的代称发生了变化，如攻击机中队（VF）变更为战斗攻击机中队（VFA），反潜直升机中队（HS）变更为海上打击直升机中队（HSM）等，希望读者能够加以理解和区分。

（一）海军领导机构徽章标识

1. 海军领导管理司令部徽章标识

海军舰队部队司令部 　　太平洋舰队司令部 　　教育与训练司令部 　　作战试验与鉴定部队司令部

后备队司令部 　　海上系统司令部 　　航空系统司令部

美军部队标识图鉴

| 海军信息战系统司令部 | 设施工程系统司令部 | 供应系统司令部 |

2. 海军作战指挥司令部徽章标识

| 欧洲/非洲总部海军司令部 | 中央总部海军司令部 | 南方总部海军司令部 | 特种作战司令部 |

| 网络空间司令部 | 军事海运司令部 | 太平洋特种作战司令部 |

3. 其他机构徽章标识

| 航空兵训练司令部 | 医疗教育训练司令部 | 信息战训练司令部（圣迭戈） | 海军信息作战司令部 |

第四部分　海军徽章标识

海军建设司令部	海军医疗后勤司令部	海军信息战训练司令部（弗吉尼亚滩）

海军预备役训练司令部	海军战争发展司令部	大西洋反潜部队司令部	海军潜艇支援司令部

海军水雷战司令部	太平洋舰队潜艇司令部	西太平洋航空司令部	太平洋舰队训练司令部

水下监视司令部	海军空中与导弹防御司令部	气象与海洋司令部	水下救援司令部

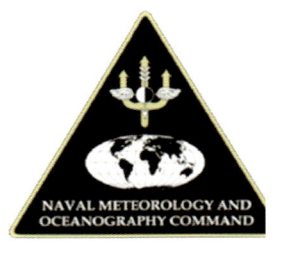

美军部队标识图鉴

舰队赛博司令部	医药与军医局	海军人事局	总法官办公室
总法律顾问办公室	海军情报办公室	海军研究实验室	海军战争学院
海军安全中心	水面作战中心	海军信息战中心	海军信息作战密码中心
水面作战系统中心	大西洋舰队作战训练中心	圣迭戈训练中心	东南地区维护中心
格罗顿海军潜艇中心	人力分析中心	数据中心	水面和水雷作战发展中心

第四部分 海军徽章标识

电子战技术中心

舰队电子战中心

舰队电子战支援大队

打击与空战中心

舰队司令部战备中心

（二）海军舰队部队徽章标识

1. 编号舰队徽章标识

第 2 舰队

第 3 舰队

第 4 舰队

第 5 舰队

第 6 舰队

第 7 舰队

第 10 舰队

2. 航母打击大队徽章标识

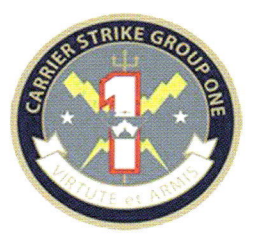

第 1 航母打击大队 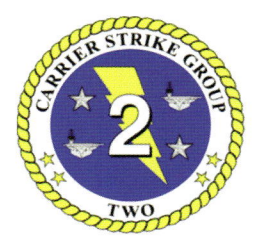　　第 2 航母打击大队 　　第 3 航母打击大队

第 5 航母打击大队 　　第 8 航母打击大队 　　第 9 航母打击大队

第 10 航母打击大队 　　第 11 航母打击大队 　　第 12 航母打击大队

3. 水面舰艇部队徽章标识

大西洋水面舰艇部队 　　太平洋水面舰艇部队 　　西北太平洋水面舰艇大队 　　中太平洋水面舰艇大队

第四部分　海军徽章标识

第 1 濒海战斗舰中队 　　第 2 濒海战斗舰中队 　　第 1 朱姆沃尔特中队

第 1 驱逐舰中队 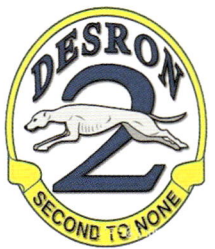　　第 2 驱逐舰中队 　　第 3 驱逐舰中队 　　第 6 驱逐舰中队

第 7 驱逐舰中队 　　第 9 驱逐舰中队 　　第 11 驱逐舰中队 　　第 12 驱逐舰中队

第 13 驱逐舰中队 　　第 14 驱逐舰中队 　　第 15 驱逐舰中队 　　第 20 驱逐舰中队

197

美军部队标识图鉴

第 21 驱逐舰中队	第 22 驱逐舰中队	第 23 驱逐舰中队	第 26 驱逐舰中队
第 28 驱逐舰中队	第 31 驱逐舰中队	第 40 驱逐舰中队	第 60 驱逐舰中队
第 1 两栖中队	第 2 两栖中队	第 3 两栖中队	第 4 两栖中队
第 5 两栖中队	第 6 两栖中队	第 7 两栖中队	
第 8 两栖中队	第 10 两栖中队	第 11 两栖中队	

第四部分 海军徽章标识

第 3 反水雷中队	第 5 反水雷中队	第 7 反水雷中队

4. 潜艇部队徽章标识

第 7 潜艇打击大队	第 8 潜艇打击大队	第 9 潜艇打击大队	第 10 潜艇打击大队
第 1 潜艇中队	第 4 潜艇中队	第 5 潜艇中队	第 6 潜艇中队
第 7 潜艇中队	第 8 潜艇中队	第 10 潜艇中队	第 11 潜艇中队

美军部队标识图鉴

第12潜艇中队	第15潜艇中队	第16潜艇中队	第17潜艇中队
第18潜艇中队	第19潜艇中队	第20潜艇中队	第5潜艇发展中队

5. 训练/保障/支援大队徽章标识

第1海滩大队	第2海滩大队	格罗顿海军潜艇支援大队
太平洋舰队战术训练大队	大西洋海上训练大队	梅波特海上训练大队

圣迭戈海上训练大队 　　西北太平洋海上训练大队 　　中太平洋海上训练大队

（三）水面舰艇徽章标识

1. 航母（CVN）徽章标识

卡尔·文森号　　布什号　　斯坦尼斯号　　华盛顿号

艾森豪威尔号　　里根号　　杜鲁门号　　尼米兹号

福特号 　　林肯号 　　罗斯福号

美军部队标识图鉴

2. 导弹巡洋舰（CG）徽章标识

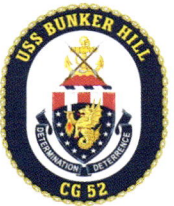

CG 52	CG 53	CG 54	CG 55	CG 56
邦克山号	莫比尔湾号	安提塔姆号	莱特湾号	圣哈辛托山号
CG 57	CG 58	CG 59	CG 60	CG 61
尚普兰湖号	菲律宾海号	普林斯顿号	诺曼底号	蒙特利号
CG 62	CG 63	CG 64	CG 65	
钱瑟勒斯维尔号	考彭斯号	葛底斯堡号	乔辛号	
CG 66	CG 67	CG 68	CG 69	
休城号	夏伊洛号	安齐奥号	维克斯堡号	
CG 70	CG 71	CG 72	CG 73	
伊利湖号	圣乔治号	维拉湾号	罗亚尔号	

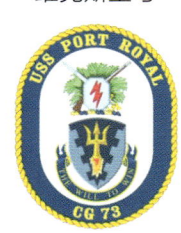

第四部分 海军徽章标识

3. 阿利伯克级导弹驱逐舰（DDG）徽章标识

阿利·伯克号	巴里号	约翰·保罗·琼斯号	柯蒂斯·威尔伯号	斯道特号
约翰·S. 麦凯恩号	米切尔号	拉布号	罗塞尔号	保罗·汉密尔顿号
拉梅奇号	菲茨杰拉德号	斯特西姆号	卡尼号	本福德号
冈萨雷斯号	科尔号	沙利文号	米利厄斯号	霍珀号
罗斯号	马汉号	迪凯特号	麦克福尔号	唐纳德·库克号

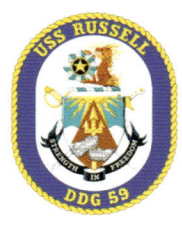

203

美军部队标识图鉴

希金斯号 DDG 76	奥凯恩号 DDG 77	波特号 DDG 78	奥斯卡·奥斯汀号 DDG 79	罗斯福号 DDG 80
温斯顿·S.丘吉尔号 DDG 81	拉森号 DDG 82	霍华德号 DDG 83	伯克利号 DDG 84	麦克·坎贝尔号 DDG 85
舒普号 DDG 86	梅森号 DDG 87	普雷布尔号 DDG 88	姆斯汀号 DDG 89	查菲号 DDG 90
平克尼号 DDG 91	莫森号 DDG 92	钟云号 DDG 93	尼采号 DDG 94	詹姆斯·E.威廉斯号 DDG 95
班布里奇号 DDG 96	哈尔西号 DDG 97	福里斯特·舍曼号 DDG 98	法拉格特号 DDG 99	基德号 DDG 100

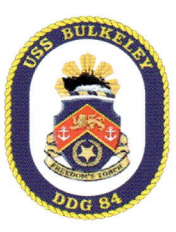

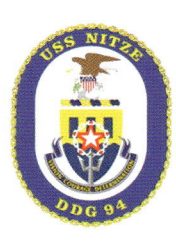

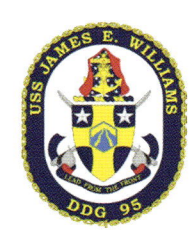

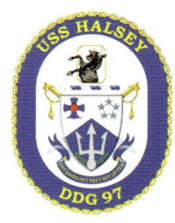

第四部分　海军徽章标识

格里德利号	桑普森号	特拉克斯顿号	斯特瑞特号	杜威号
斯托克戴尔号	格拉维利号	韦恩·E. 迈耶号	杰森·邓纳姆号	
威廉·P. 劳伦斯号	斯普鲁恩斯号	麦克·墨菲号	约翰·芬号	
拉尔夫·约翰逊号	拉斐尔·佩拉尔塔号	托马斯·哈德纳号	保罗·伊格内休斯号	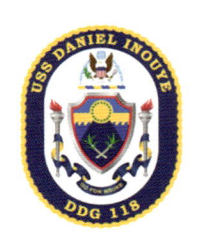
丹尼尔·井上号	德尔波·D. 布莱克号	卡尔·M. 莱文号	弗兰克·E. 彼得森号	

美军部队标识图鉴

4. 自由级/独立级濒海战斗舰（LCS）徽章标识

自由号	独立号	沃斯堡号	科罗拉多号	密尔沃基号
杰克逊号	底特律号	蒙哥马利号	小石城号	
嘉贝丽·吉佛斯号	苏城号	奥马哈号	威奇托号	
曼彻斯特号	比林斯号	塔尔萨号	印第安纳波利斯号	
查尔斯顿号	圣路易斯号	辛辛那提号	堪萨斯城号	

第四部分　海军徽章标识

5. 朱姆沃尔特级导弹驱逐舰（DDG）徽章标识

朱姆沃尔特号 　　　　　　　　　　迈克尔·蒙苏尔号

6. 复仇者级水雷对抗舰（MCM）徽章标识

哨兵号 　　　冠军号 　　　守护者号 　　　破坏者号

爱国者号 　　侦察兵号 　　先锋号 　　　　勇士号

角斗士号 　　热心号 　　　敏捷号 　　　　酋长号

207

7. 蓝岭级两栖指挥舰（LCC）徽章标识

蓝岭号 　　　　　　　　　　惠特尼山号

8. 两栖攻击舰（LHD/LHA）徽章标识

黄蜂号 　　埃塞克斯号 　　卡尔萨基号 　　拳师号 　　巴丹号

好人查理号 　　硫磺岛号 　　马金群岛号 　　美国号 　　的黎波里号

9. 船坞登陆舰（LSD）徽章标识

惠特贝岛号 　　日耳曼号 　　麦克亨利堡号 　　甘斯通·霍尔号

第四部分　海军徽章标识

康斯托克号	托尔提岛号	拉什茂号	阿斯兰号
哈珀斯·费里号	卡特·霍尔号	橡树号	珍珠港号

10. 船坞运输舰（LPD）徽章标识

圣安东尼奥号	新奥尔良号	梅萨维德号	格林湾号
纽约号	圣迭戈号	安格雷奇号	阿林顿号
萨默赛特号	约翰·P. 默撒号	波特兰号	

美军部队标识图鉴

11. 旋风级海岸巡逻艇（PC）徽章标识

| 气旋号 | 大风号 | 飓风号 | 季风号 |

| 台风号 | 西罗可风号 | 暴风号 |

| 和风号 | 湿风号 | 大旋风号 |

| 雷电号 | 夏风号 | 旋风号 |

12. 干货/弹药船（T-AKE）徽章标识

| 艾伦·谢帕德号 | 理查德·E. 伯德号 | 罗伯特·E. 佩里号 |

第四部分　海军徽章标识

阿米莉亚·埃尔哈特号	卡尔·布拉希尔号	斯基拉号
马修·佩里号	查尔斯·杜鲁号	华盛顿·钱伯斯号
威廉·麦克里恩号	美德加·艾维斯号	塞萨尔·查韦斯号

13. 快速战斗支援舰（T-AOE）徽章标识

| 供应号 | 北极号 |

14. 联合高速船（JHSV）徽章标识

| 先锋号 | 乔克托郡号 | 米利诺基特号 |

美军部队标识图鉴

| 福尔里弗号 | 特伦顿号 | 布伦斯维克号 |

15. 舰队油船（T-AO）徽章标识

| 格鲁曼号 | 大霍恩号 | 瓜达卢佩号 | 育空号 |

16. 其他保障舰船徽章标识

| 庞塞号海上浮动式前置基地舰 | 关岛号高速船 | 警卫号救援船 | 抓紧号救援船 |

| 救援号救援船 | 伯恩斯维克号打捞船 | 威廉姆斯号远征机动基地舰 |

| 科罗纳多号两栖指挥舰 | 霍华德·劳伦斯号导弹测量船 | 纳瓦霍人号远洋拖船 |

第四部分　海军徽章标识

（四）潜艇徽章标识

1. 俄亥俄级巡航导弹核潜艇（SSGN）徽章标识

俄亥俄号

佐治亚号

2. 俄亥俄级弹道导弹核潜艇（SSBN）徽章标识

密歇根号

佛罗里达号

亨利·M. 杰克逊号

阿拉巴马号

阿拉斯加号

内华达号

田纳西号

宾夕法尼亚号

弗吉尼亚号

肯塔基号

213

马里兰号	内布拉斯加号	罗德岛号
缅因号	怀俄明号	路易斯安娜号

3. 海狼级核动力攻击潜艇（SSN）徽章标识

海狼号	康涅狄格号	吉米·卡特号

4. 洛杉矶级核动力攻击潜艇（SSN）徽章标识

洛杉矶号	巴吞鲁日号	费城号	孟菲斯号

第四部分　海军徽章标识

奥马哈号	辛辛那提号	格尔顿号	伯明翰号
纽约号	印第安纳波利斯号	布雷默顿号	杰克逊维尔号
达拉斯号	拉霍亚号	菲尼克斯号	波士顿号
巴尔的摩号	科珀斯克里斯蒂号	阿尔伯克基号	朴茨茅斯号
海曼·G.里科弗号	奥古斯塔号	旧金山号	亚特兰大号

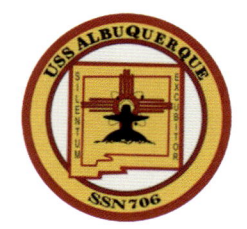

美军部队标识图鉴

休斯敦号	诺福克号	布法罗号	盐湖城号
奥林匹亚号	火奴鲁鲁号	普罗维登斯号	匹兹堡号
芝加哥号	基维斯特号	俄克拉荷马号	路易斯维尔号
海伦娜号	纽波特纽斯号	圣胡安号	帕萨迪纳号
阿尔巴尼号	托皮卡号	斯克兰顿号	亚历山德里亚号

第四部分　海军徽章标识

阿什维尔号	杰佛逊城号	安纳波利斯号	斯普林菲尔德号
哥伦布号	圣菲号	博伊西号	蒙彼利埃号
夏洛特号	汉普顿号	哈特福德号	托莱多号
图森号	哥伦比亚号	格林维尔号	夏延号

5. 弗吉尼亚级核动力攻击潜艇（SSN）徽章标识

弗吉尼亚号	得克萨斯号	夏威夷号	北卡罗来纳号

美军部队标识图鉴

新罕布什尔号	新墨西哥号	密苏里号	加利福尼亚号
密西西比号	明尼苏达号	北达科他号	约翰·华纳号
伊利诺伊斯号	华盛顿号	科罗拉多号	特拉华号
佛蒙特州号	南科达他号	俄勒冈号	
蒙大拿号	海曼·G.李高佛号	新泽西号	

第四部分　海军徽章标识

爱荷华号　　　马萨诸塞号 　　　爱达荷号

（五）舰艇基地徽章标识

1. 水面舰艇基地徽章标识

布雷默顿基地　　关岛基地 　　横须贺基地 　　诺福克基地

圣迭戈基地 　　珍珠港基地 　　佐世保基地 　　吉赛普基地

安纳波利斯基地　　阿真舍基地 　　查尔斯顿基地 　　基韦斯特基地

美军部队标识图鉴

| 长滩基地 | 费城基地 | 埃弗顿基地 | 大湖基地 |

| 梅波特基地 | 帕斯卡古拉基地 | 罗塔基地 | 苏比克湾基地 |

2. 潜艇基地徽章标识

| 班戈潜艇基地 | 金湾潜艇基地 | 新伦敦潜艇基地 | 圣迭戈潜艇基地 |

（六）海军航空兵部队徽章标识

| 海军航空兵 | 大西洋舰队航空兵 | 太平洋舰队航空兵 |

第四部分　海军徽章标识

1. 联队徽章标识

第 1 舰载机联队 　　第 2 舰载机联队 　　第 3 舰载机联队 　　第 5 舰载机联队

第 7 舰载机联队 　　第 8 舰载机联队 　　第 9 舰载机联队 　　第 11 舰载机联队

第 14 舰载机联队 　　第 17 舰载机联队 　　大西洋海上打击直升机联队　　太平洋海上打击直升机联队

大西洋海上战斗直升机联队 　　太平洋海上战斗直升机联队 　　大西洋舰队战斗攻击机联队

太平洋舰队战斗攻击机联队 　　太平洋舰队电子攻击机联队 　　第 1 战术空中控制大队

美军部队标识图鉴

第 10 巡逻侦察机联队 　　第 11 巡逻侦察机联队 　　第 1 战略通信联队

2. 战斗攻击机中队（VFA/VF）徽章标识

第 1 战斗攻击机中队 　　第 2 战斗攻击机中队 　　第 3 战斗攻击机中队 　　第 11 战斗攻击机中队

第 13 战斗攻击机中队 　　第 14 战斗攻击机中队 　　第 15 战斗攻击机中队 　　第 21 战斗攻击机中队

第 22 战斗攻击机中队 　　第 24 战斗攻击机中队 　　第 25 战斗攻击机中队 　　第 27 战斗攻击机中队

第 31 战斗攻击机中队 　　第 32 战斗攻击机中队 　　第 33 战斗攻击机中队 　　第 34 战斗攻击机中队

第四部分　海军徽章标识

第 37 战斗攻击机中队 　第 41 战斗攻击机中队 　第 46 战斗攻击机中队 　第 51 战斗攻击机中队

第 72 战斗攻击机中队 　第 74 战斗攻击机中队 　第 81 战斗攻击机中队 　第 82 战斗攻击机中队

第 83 战斗攻击机中队 　第 86 战斗攻击机中队 　第 87 战斗攻击机中队 　第 94 战斗攻击机中队

第 96 战斗攻击机中队 　第 97 战斗攻击机中队 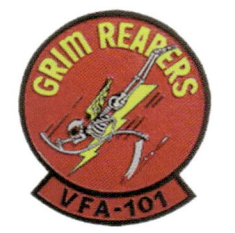　第 101 战斗攻击机中队 　第 102 战斗攻击机中队

第 103 战斗攻击机中队 　第 105 战斗攻击机中队 　第 106 战斗攻击机中队 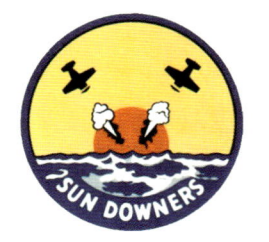　第 111 战斗攻击机中队

223

美军部队标识图鉴

第 112 战斗攻击机中队 　第 113 战斗攻击机中队 　第 114 战斗攻击机中队 　第 115 战斗攻击机中队

第 122 战斗攻击机中队 　第 125 战斗攻击机中队 　第 127 战斗攻击机中队 　第 131 战斗攻击机中队

第 132 战斗攻击机中队 　第 134 战斗攻击机中队 　第 136 战斗攻击机中队 　第 137 战斗攻击机中队

第 143 战斗攻击机中队 　第 146 战斗攻击机中队 　第 147 战斗攻击机中队 　第 151 战斗攻击机中队

第 152 战斗攻击机中队 　第 154 战斗攻击机中队 　第 161 战斗攻击机中队 　第 163 战斗攻击机中队

第四部分　海军徽章标识

第 165 战斗攻击机中队 　第 174 战斗攻击机中队 　第 176 战斗攻击机中队 　第 191 战斗攻击机中队

第 192 战斗攻击机中队 　第 194 战斗攻击机中队 　第 195 战斗攻击机中队 　第 201 战斗攻击机中队

第 203 战斗攻击机中队 　第 204 战斗攻击机中队 　第 211 战斗攻击机中队 　第 213 战斗攻击机中队

第 301 战斗攻击机中队 　　　第 303 战斗攻击机中队 　　　第 305 战斗攻击机中队

3. 电子攻击机中队（VAQ）徽章标识

第 129 电子攻击机中队 　第 130 电子攻击机中队 　第 131 电子攻击机中队 　第 132 电子攻击机中队

美军部队标识图鉴

第 133 电子攻击机中队 　　第 134 电子攻击机中队 　　第 135 电子攻击机中队 　　第 136 电子攻击机中队

第 137 电子攻击机中队 　　第 138 电子攻击机中队 　　第 139 电子攻击机中队 　　第 140 电子攻击机中队

第 141 电子攻击机中队 　　第 142 电子攻击机中队 　　第 209 电子攻击机中队

4. 预警机中队（VAW）徽章标识

第 110 预警机中队 　　第 112 预警机中队 　　第 113 预警机中队 　　第 115 预警机中队

第 116 预警机中队 　　第 117 预警机中队 　　第 120 预警机中队 　　第 121 预警机中队

第四部分　海军徽章标识

第 123 预警机中队 　　第 124 预警机中队 　　第 125 预警机中队 　　第 126 预警机中队

5. 海上打击直升机中队（HSM）徽章标识

第 35 海上打击直升机中队 　　第 37 海上打击直升机中队 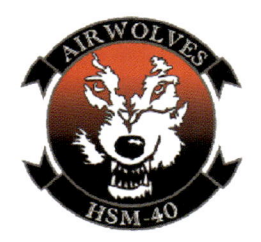　　第 40 海上打击直升机中队

第 41 海上打击直升机中队 　　第 46 海上打击直升机中队 　　第 49 海上打击直升机中队

第 51 海上打击直升机中队 　　第 70 海上打击直升机中队 　　第 71 海上打击直升机中队

第 72 海上打击直升机中队 　　第 73 海上打击直升机中队 　　第 74 海上打击直升机中队

美军部队标识图鉴

第75海上打击直升机中队 　　　　第77海上打击直升机中队

第78海上打击直升机中队 　　　　第79海上打击直升机中队

6. 海上战斗直升机中队（HSC）徽章标识

第2海上战斗直升机中队 　　第3海上战斗直升机中队 　　第4海上战斗直升机中队

第5海上战斗直升机中队　　第6海上战斗直升机中队 　　第7海上战斗直升机中队

第8海上战斗直升机中队 　　第9海上战斗直升机中队 　　第11海上战斗直升机中队

第四部分　海军徽章标识

第 12 海上战斗直升机中队 　　第 14 海上战斗直升机中队 　　第 15 海上战斗直升机中队

第 21 海上战斗直升机中队 　　第 22 海上战斗直升机中队 　　第 23 海上战斗直升机中队

第 25 海上战斗直升机中队 　　第 26 海上战斗直升机中队 　　第 28 海上战斗直升机中队

第 84 海上战斗直升机中队 　　　　　　　　第 85 海上战斗直升机中队

7. 反潜直升机中队（HS/L）徽章标识

第 1 反潜直升机中队 　　第 2 反潜直升机中队 　　第 3 反潜直升机中队 　　第 7 反潜直升机中队

229

美军部队标识图鉴

第 8 反潜直升机中队	第 9 反潜直升机中队	第 10 反潜直升机中队	第 11 反潜直升机中队
第 12 反潜直升机中队	第 14 反潜直升机中队	第 15 反潜直升机中队	第 17 反潜直升机中队
第 30 反潜直升机中队	第 31 反潜直升机中队	第 32 反潜直升机中队	 第 33 反潜直升机中队
第 34 反潜直升机中队	第 35 反潜直升机中队	第 36 反潜直升机中队	第 37 反潜直升机中队
第 40 反潜直升机中队	第 41 反潜直升机中队	第 42 反潜直升机中队	第 43 反潜直升机中队

第四部分　海军徽章标识

第 44 反潜直升机中队 　第 45 反潜直升机中队 　第 46 反潜直升机中队 　第 47 反潜直升机中队

第 48 反潜直升机中队 　第 49 反潜直升机中队 　第 60 反潜直升机中队 　第 74 反潜直升机中队

第 75 反潜直升机中队 　第 84 反潜直升机中队 　第 94 反潜直升机中队

8. 扫雷直升机中队（HM）徽章标识

第 12 扫雷直升机中队 　第 14 扫雷直升机中队 　第 15 扫雷直升机中队 　第 19 扫雷直升机中队

231

9. 巡逻侦察机中队（VP）徽章标识

第1巡逻侦察机中队	第2巡逻侦察机中队	第4巡逻侦察机中队	第5巡逻侦察机中队
第6巡逻侦察机中队	第7巡逻侦察机中队	第8巡逻侦察机中队	第9巡逻侦察机中队
第10巡逻侦察机中队	第11巡逻侦察机中队	第16巡逻侦察机中队	第17巡逻侦察机中队
第18巡逻侦察机中队	第21巡逻侦察机中队	第22巡逻侦察机中队	第24巡逻侦察机中队
第26巡逻侦察机中队	第28巡逻侦察机中队	第30巡逻侦察机中队	第31巡逻侦察机中队

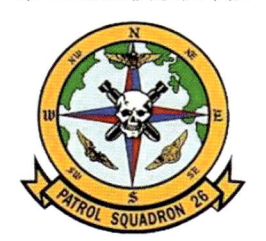

第四部分　海军徽章标识

第 40 巡逻侦察机中队	第 42 巡逻侦察机中队	第 45 巡逻侦察机中队	第 46 巡逻侦察机中队
第 47 巡逻侦察机中队	第 48 巡逻侦察机中队	第 50 巡逻侦察机中队	第 56 巡逻侦察机中队
第 60 巡逻侦察机中队	第 62 巡逻侦察机中队	第 65 巡逻侦察机中队	第 67 巡逻侦察机中队
第 90 巡逻侦察机中队	第 91 巡逻侦察机中队	第 92 巡逻侦察机中队	第 94 巡逻侦察机中队
第 661 巡逻侦察机中队	第 741 巡逻侦察机中队	第 774 巡逻侦察机中队	

美军部队标识图鉴

第775巡逻侦察机中队 　　　第814巡逻侦察机中队 　　　第872巡逻侦察机中队

第882巡逻侦察机中队 　　　第933巡逻侦察机中队 　　　第934巡逻侦察机中队

10. 侦察机中队（VQ）徽章标识

第1侦察机中队 　　　第2侦察机中队 　　　第3侦察机中队

第4侦察机中队 　　　第6侦察机中队 　　　第7侦察机中队

11. 无人机中队（VPU/VUP）徽章标识

第 2 无人机中队 　　　　　　　　　第 19 无人巡逻机中队

12. 后勤支援中队（VR/VRC）徽章标识

第 1 后勤支援中队 　　第 3 后勤支援中队 　　第 7 后勤支援中队 　　第 8 后勤支援中队

第 21 后勤支援中队 　　第 24 后勤支援中队 　　第 30 后勤支援中队 　　第 32 后勤支援中队

第 40 后勤支援中队 　　第 46 后勤支援中队 　　第 50 后勤支援中队 　　第 51 后勤支援中队

第 55 后勤支援中队 　　第 56 后勤支援中队 　　第 57 后勤支援中队 　　第 58 后勤支援中队

美军部队标识图鉴

第60后勤支援中队 　第62后勤支援中队 　第64后勤支援中队 　第772后勤支援中队

第773后勤支援中队 　第774后勤支援中队 　第813后勤支援中队 　第934后勤支援中队

13. 试验中队（VX）徽章标识

第1试验中队 　第4试验中队 　第9试验中队 　第20试验中队

第23试验中队 　第30试验中队 　第31试验中队

14. 训练中队徽章标识

第8直升机训练中队 　第18直升机训练中队 　第28直升机训练中队

第四部分　海军徽章标识

第 1 飞行训练中队	第 2 飞行训练中队	第 3 飞行训练中队	第 4 飞行训练中队
第 6 飞行训练中队	第 7 飞行训练中队	第 10 飞行训练中队	第 12 飞行训练中队
第 19 飞行训练中队	第 21 飞行训练中队	第 22 飞行训练中队	第 23 飞行训练中队
第 26 飞行训练中队	第 27 飞行训练中队	第 28 飞行训练中队	
第 31 飞行训练中队	第 35 飞行训练中队	第 86 飞行训练中队	

237

美军部队标识图鉴

15. 假想敌中队（VFC）徽章标识

第 12 假想敌中队 　　　　　　　　第 13 假想敌中队

16. 海上控制中队（VS）徽章标识

第 21 海上控制中队 　　　　　　　　第 22 海上控制中队

17. 蓝天使飞行表演队徽章标识

蓝天使飞行表演险

（七）海军航空站徽章标识

帕塔克森特河航空站 　　三泽航空站 　　沃尔特河航空站 　　北岛航空站

第四部分 海军徽章标识

梅波特航空站	孟菲斯航空站	杰克逊维尔航空站	惠德贝岛航空站
奥克兰航空站	奥希阿纳航空站	百慕大航空站	布伦瑞克航空站
法隆航空站	格林科航空站	格伦维尤航空站	怀廷菲尔德航空站
金斯维尔航空站	关塔那摩航空站	廓森特航空站	莱克赫斯特航空站
勒莫尔航空站	洛斯阿拉莫斯航空站	梅瑞迪安航空站	米拉玛航空站

美军部队标识图鉴

莫非特菲尔德航空站	格罗斯埃勒航空站	穆古角航空站	南韦茅斯航空站
切斯菲尔德航空站	钦科蒂格航空站	双子城航空站	沃斯堡航空站
西格奈拉航空站	新纽约航空站		中途岛航空站
奥拉西航空站	伯明翰航空站	费城航空站	哈钦森航空站
开普梅航空站	凯夫拉维克航空站	利弗莫尔航空站	林肯航空站

第四部分　海军徽章标识

罗塔航空站	圣迭戈航空站	巴丹航空站	塞西尔菲尔德航空站
埃尔蒙德航空站	诺福克航空站	罗斯福路航空站	诺曼航空站
帕斯科航空站	彭萨克拉航空站	桑德波因特航空站	桑莱岬航空站
斯波坎航空站	索夫利航空站	特姆航空站	渥太华航空站
威洛格罗夫航空站	马累岛航空站	彭萨克拉航空兵训练中心	基韦斯特航空站

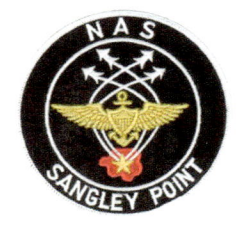

第五部分
空军徽章标识

空军旗帜　　　　　　　　　　　　空军徽章

一、美国空军基本情况

美国空军（United States Air Force）前身是美国陆军航空兵，1947年7月26日脱离陆军序列，正式成为与陆军、海军及海军陆战队并列的独立军种。1947年9月18日成立空军部，主要职责为通过空中和太空中的武力保护美国及其利益。

（一）领导机构

空军部是空军最高行政领导机构，直属于国防部长领导，没有作战指挥权，主要负责建设方针、军种战略、发展政策等的制定与落实，以及空军部队的组织管理、教育训练、后勤保障、技术支援等。

空军参谋部是空军部的军事参谋与办事机构，也是空军最高军事职能部门，接受空军部领导，主要负责空军部的人事管理、财务审计、条令拟制、教育训练、后备动员、后备保障、装备发展、技术支援等，并依令向各联合作战司令部提供空军作战部队。空军参谋部下辖10个一级司令部和3个直属单位。10个一级司令部分别是太平洋空军司令部、欧洲/非洲总部空军司令部、空中作战司令部、全球打击司令部、特种作战司令部、空中机动司令部、航天司令部、后备司令部、教育训练司令部和器材司令部。各司令部对所辖部队，有些拥有组织管理、发展建设、作战指挥等完整权责，有些则没有组织管理、作战指挥权责。美国空军自2005年起对作战指挥体制进行调整，裁撤了部分联合作战司令部下属空军组成司令部，改由指定的航空队兼任，负责指挥控制责任区的空中作战行动。例如，北方总部空军司令部由第1航空队兼任，南方总部空军司令部由第12航空队兼任。3个直属单位分别是作战试验与鉴定中心、空军学院和空军华盛顿军区。

（二）美国空军部队编成

美国空军部队主要采用航空队、联队/大队、中队三级编组。

1. 空军航空队

航空队是美国空军的战役军团，也是空军的最大编组单位，担负作战区域或领域的空战任务，也可以支援陆军集团军级以上规模的作战行动。航空队的编组并不固定，一般下辖数个联队。

2. 空军联队

联队是美国空军的基本作战单位，可在航空队编成内遂行作战任务，也可独立遂行作战任务，通常可以支援陆军师级规模的作战行动。联队可分为作战联队、作战支援联队、特种任务联队、空军基地联队等，标准的作战联队通常下辖作战大队、保养大队、任务支援大队和医疗大队4个大队。

3. 空军大队

大队是美国空军中比联队低一级的作战单位，既可以隶属于联队，也可以是独立单位，所辖部队因任务需要可灵活调整，通常下辖2个以上中队。

4. 空军中队

中队是美国空军的基本战术单位，可分为不同机种中队及补给、弹药、机务、医疗、设施、安全等勤务中队。一个战斗机中队一般有18～24架战斗机；一个轰炸机中队一般有12～18架轰炸机；一个空中运输中队一般有12～15架运输机。

5. 航空航天作战中心

航空航天作战中心是美国空军部队各地区或领域的指挥控制中心，各联合作战司令部下属空军司令部主要通过该中心对所属航空与航天部队实施指挥控制。美国空军现编12个航空航天作战中心，其中2个直属于空军一级司令部，即太平洋空军司令部所属的第613航空航天作战中心和特种作战司令部所属的特种作战空中作战中心，其余10个则隶属于航空队，一般由原空中作战大队改编而成。

6. 空军国民警卫队

空军国民警卫队组建于1947年9月18日，既是各州政府的地方武装组织，也是

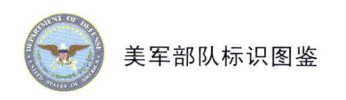

空军预备役部队的重要组成部分，且属于第一类预备役部队。目前，空军国民警卫队编有 90 个联队、7 个大队。

二、美国空军徽章标识

原美国战争部在 1907 年设立了美国空军的前身——信号部队航空师。之后该部队的组织、名称、任务历经了一系列变化，直至 1947 年独立为美国空军。在美国陆军航空队成立之前，这支部队几乎没有拥有过徽章。第二次世界大战期间，美国陆军航空队虽然实际上独立于美国陆军，但尚未得到官方认可。战争时期的徽章通常分为两种，一种是尺寸较大的皮质飞行夹克徽章，一种是小型绣章。1947 年 7 月 26 日，美国时任总统哈里•杜鲁门签署了《1947 年国家安全法》，成立了美国空军部。但直至 1947 年 9 月 18 日，第一任空军部长威廉•辛明顿宣誓就职，美国空军才实质上独立成军，成为美国当时最年轻的军种。如今，美国空军拥有数千架军用飞机、数百枚洲际弹道导弹和数十颗军用卫星，下辖人员包括现役军人、文职人员、空军后备役和空中国民警卫队，而其中只有包括美国空军文职人员在内的少数人员不必佩戴徽章。在 20 世纪 80 年代之前，几乎所有徽章都是全彩色的，而自那以后，几乎只有飞行员、太空和导弹操作人员才佩戴全彩徽章，除此以外的人员均佩戴低可视度徽章。20 世纪 80 年代前，徽章的底色为林地绿色，第一次海湾战争后则为沙漠黄色。只有在威廉•退尔空中实弹射击演习和"火炮硝烟"演习等特殊场合，空军人员才会在作战服上佩戴全彩徽章，但除空中表演队制服和蓝色作战服外，也应佩戴全彩徽章。自 2011 年起，美国空军不再穿着蓝色作战服。空军部指令 84-105 中规定了空军徽章的设计和审核流程，空军部指令 36-2903 中规定了正确佩戴徽章的方法。位于麦克斯韦尔空军基地的空军历史研究局负责维护大多数官方认可的部队徽章档案。空军的官方颜色是深蓝色和金黄色，大多数美国空军官方徽章中均包含这两种颜色。

三、本书美国空军徽章标识

本书介绍的美国空军徽章标识按照空军编成进行归类，分别为空军司令部及附属机构、空军航空队、空军联队、空军大队、空军中队。其中，空军联队、空军大队、空军中队按照职能类型区分。需要注意的是，本部分所展示的美国空军徽章标识并不仅限于现役空军部队，空军有很多部队处于任务解除状态或休眠状态，随时可以根据需要转入现役，如 2019 年空军第 87 电子战中队就转入了现役，2020 年空军第 39 电子战中队也被重新启用。需要注意的是，本部分介绍的徽章标识，有些是重复的，如攻击机中队的部分标识就与侦察机中队的部分标识相似，这是因为部队的职能发生了转变，但其徽章标识是保持不变的，希望读者能够理解并加以鉴别。

（一）空军司令部及附属机构徽章标识

1. 空军司令部徽章标识

太平洋空军司令部	欧洲总部空军司令部	非洲总部空军司令部	空中作战司令部
全球打击司令部	特种作战司令部	空中机动司令部	航天司令部
后备司令部	教育训练司令部	器材司令部	中央总部空军司令部

2. 空军附属机构徽章标识

| 公共事务局 | 飞行标准局 | 军史研究局 | 医疗支援局 |

美军部队标识图鉴

空军监察局	空军医疗保障局	空军频谱管理局	空军后勤管理局
空军法律事务局	空军建设合同局	空军气象局	空军勤务局
空军情报侦察监视局	空军人力分析局	空军人事活动局	空军土木工程保障局
空军成本分析局	空军研究分析局	空军医务活动局	空军油料局
空军不动产局	空军基地转换局	电子系统中心	航空系统中心

第五部分　空军徽章标识

航天创新与发展中心	空军安全部队中心	空军部队安全中心	空军飞行试验中心
空军工程与环境中心	空军核武器中心	空军建模与仿真中心	空军全球后勤支援中心
空军人员中心	空军作战试验与评估中心	空军特种作战空战中心	空军特种作战训练中心
空军维护保养中心	空军网络一体化中心	空军武器中心	空军预备役人员中心
空军远征中心	空军战争中心	全球赛博空间一体化中心	太空与导弹系统中心

249

美军部队标识图鉴

电子安全战略中心大陆	 电子安全部海外技术中心	 电子安全战术中心	 欧洲电子安全中心
空军安全援助中心	空军全寿命管理中心	空军技术应用中心	布朗训练与教育中心
空军技术情报中心	空军核指挥、控制和通信中心	国家空中和太空情报中心	空军战斗评估中心
空军国民警卫队战备中心	空军阿诺德工程发展中心	空军特别投资办公室	空军研究实验室
空军华盛顿军区	民航巡逻组织	美国空军博物馆	奥格登空军后勤设施

第五部分 空军徽章标识

俄克拉荷马空军后勤设施	空军大学	空军战争学院	 美国空军学院
高级研究学校	空军通信学院		马蒂斯高级士官学院
空军后备军官训练团	空军特种作战学校		空军军乐队
第601空天作战中心	第603空天作战中心	第607空天作战中心	第608空天作战中心
第609空天作战中心	第611空中作战中心	第612空天作战中心	第613空中作战中心

251

美军部队标识图鉴

第614空天作战中心 　　第617空天作战中心 　　第618空天作战中心

第623空天作战中心 　　第624空天作战中心 　　空战中心

（二）空军航空队徽章标识

第1航空队 　　第2航空队 　　第3航空队 　　第4航空队

第5航空队 　　第7航空队 　　第8航空队 　　第9航空队

第10航空队 　　第11航空队 　　第12航空队 　　第14航空队

第五部分　空军徽章标识

第 15 航空队 　　第 16 航空队 　　第 17 航空队 　　第 18 航空队

第 19 航空队 　　第 20 航空队 　　第 21 航空队

第 22 航空队 　　第 24 航空队 　　第 25 航空队

（三）空军联队徽章标识

1. 战斗机联队徽章标识

第 1 战斗机联队 　　第 4 战斗机联队 　　第 8 战斗机联队 　　第 20 战斗机联队

美军部队标识图鉴

第27战斗机联队	第31战斗机联队	第33战斗机联队	第35战斗机联队
第38战斗机联队	第48战斗机联队	第49战斗机联队	第51战斗机联队
第52战斗机联队	第56战斗机联队	第102战斗机联队	第103战斗机联队
第104战斗机联队	第114战斗机联队	第115战斗机联队	第120战斗机联队
第123战斗机联队	第125战斗机联队	第132战斗机联队	第142战斗机联队

第五部分　空军徽章标识

第 144 战斗机联队	第 147 战斗机联队	第 148 战斗机联队	第 156 战斗机联队
第 158 战斗机联队	第 159 战斗机联队	第 162 战斗机联队	第 169 战斗机联队
第 173 战斗机联队	第 174 战斗机联队	第 177 战斗机联队	第 180 战斗机联队
第 181 战斗机联队	第 185 战斗机联队	第 187 战斗机联队	第 192 战斗机联队
第 301 战斗机联队	第 325 战斗机联队	第 354 战斗机联队	第 355 战斗机联队

美军部队标识图鉴

第 338 战斗机联队 　　第 366 战斗机联队 　　第 419 战斗机联队 　　第 442 战斗机联队

第 482 战斗机联队 　　第 926 战斗机联队 　　第 944 战斗机联队

2. 轰炸机联队徽章标识

第 2 轰炸机联队 　　第 5 轰炸机联队 　　第 7 轰炸机联队 　　第 28 轰炸机联队

第 92 轰炸机联队 　　第 93 轰炸机联队 　　第 131 轰炸机联队 　　第 184 轰炸机联队

第 307 轰炸机联队 　　第 319 轰炸机联队 　　第 379 轰炸机联队 　　第 397 轰炸机联队

第五部分　空军徽章标识

第 410 轰炸机联队 　　第 416 轰炸机联队 　　第 461 轰炸机联队 　　第 509 轰炸机联队

3. 运输机联队徽章标识

第 19 空运联队 　　第 62 空运联队 　　第 63 空运联队 　　第 86 空运联队

第 89 空运联队 　　第 94 空运联队 　　第 105 空运联队 　　第 107 空运联队

第 109 空运联队 　　第 110 空运联队 　　第 130 空运联队 　　第 133 空运联队

第 136 空运联队 　　第 143 空运联队 　　第 145 空运联队 　　第 146 空运联队

第 152 空运联队	第 153 空运联队	第 164 空运联队	第 165 空运联队
第 166 空运联队	第 172 空运联队	第 179 空运联队	第 182 空运联队
第 189 空运联队	第 302 空运联队	第 314 空运联队	第 315 空运联队
第 317 空运联队	第 374 空运联队	第 433 空运联队	第 436 空运联队
第 437 空运联队	第 438 空运联队	第 439 空运联队	第 440 空运联队

第五部分　空军徽章标识

第 445 空运联队 　　第 446 空运联队 　　第 463 空运联队 　　第 512 空运联队

第 908 空运联队 　　第 910 空运联队 　　第 911 空运联队

第 913 空运联队 　　第 932 空运联队 　　第 934 空运联队

4. 加油机联队徽章标识

第 22 加油机联队 　　第 100 加油机联队 　　第 101 加油机联队

第 107 加油机联队 　　第 108 加油机联队 　　第 117 加油机联队 　　第 121 加油机联队

美军部队标识图鉴

第 128 加油机中队	第 137 加油机中队	第 141 加油机联队	第 151 加油机联队
第 155 加油机联队	第 157 加油机联队	第 160 加油机联队	第 161 加油机联队
第 168 加油机联队	第 185 加油机联队		第 186 加油机联队
第 190 加油机联队	第 305 加油机联队	第 340 加油机联队	第 380 加油机联队
第 434 加油机联队	第 459 加油机联队	第 479 加油机联队	第 507 加油机联队

第五部分　空军徽章标识

第 914 加油机联队	第 916 加油机联队	第 927 加油机联队
第 931 加油机联队	第 939 加油机联队	第 940 加油机联队

5. 混合联队徽章标识

第 3 联队	第 11 联队	第 15 联队	第 18 联队
第 23 联队	第 36 联队	第 53 联队	第 55 联队
第 57 联队	第 154 联队	第 175 联队	第 176 联队

美军部队标识图鉴

第 194 联队 　　　　第 316 联队 　　　　第 343 联队

第 403 联队 　　　　第 432 联队 　　　　第 917 联队

6. 导弹联队徽章标识

第 44 导弹联队 　　　第 90 导弹联队 　　　第 91 导弹联队

第 321 导弹联队 　　第 341 导弹联队 　　第 351 导弹联队

第 381 导弹联队 　　第 485 导弹联队 　　第 706 导弹联队

第五部分　空军徽章标识

7. 特种作战联队徽章标识

第 1 特种作战联队 　　　第 24 特种作战联队 　　　第 27 特种作战联队

第 58 特种作战联队 　　　第 150 特种作战联队 　　　第 193 特种作战联队

第 315 特种作战联队 　　　第 352 特种作战联队 　　　第 919 特种作战联队

8. 空中远征、机动联队徽章标识

第 6 空中机动联队 　　第 31 远征联队 　　第 60 空中机动联队 　　第 97 空中机动联队

美军部队标识图鉴

第 305 空中机动联队	第 320 空中远征联队	第 332 远征作战联队	第 349 空中机动联队
第 375 空中机动联队	第 376 空中远征联队	第 380 空中远征联队	第 384 空中远征联队
第 401 空中远征联队	第 451 空中远征联队	第 452 空中机动联队	
第 455 空中远征联队	第 514 空中机动联队	第 515 空中机动作战中队	
第 521 空中机动作战联队	第 615 应急反应联队	第 621 应急反应联队	

第五部分　空军徽章标识

9. 信息作战、通信联队徽章标识

　　第 67 赛博空间作战联队 　　　第 688 赛博空间作战联队 　　　第 689 战斗通信联队

10. 太空作战联队徽章标识

　　第 1 太空联队 　　第 21 太空联队 　　第 30 太空联队 　　第 45 太空联队

　　第 50 太空联队 　　第 310 太空联队 　　第 460 太空联队

11. 情报侦察联队徽章标识

　　第 9 侦察机联队 　　第 26 情报联队 　　第 43 情报联队 　　第 70 情报侦察监视联队

美军部队标识图鉴

第 102 情报联队　　第 147 侦察机联队　　第 181 情报联队　　第 319 侦察机联队

第 363 情报侦察监视联队　　第 432 战术侦察联队　　第 460 战术侦察机联队

第 480 情报联队　　第 655 情报侦察监视联队　　第 693 情报联队

12. 救援联队徽章标识

第 106 救援联队　　第 129 救援联队　　第 347 救援联队

第 920 救援联队　　第 939 救援联队

第五部分　空军徽章标识

13. 空中控制联队徽章标识

| 第 116 空中控制联队 | 第 461 空中控制联队 | 第 505 指挥与控制联队 | 第 552 空中控制联队 |

14. 飞行训练联队徽章标识

| 第 12 飞行训练联队 | 第 14 飞行训练联队 | 第 17 飞行训练联队 | 第 29 飞行训练联队 |

| 第 34 飞行训练联队 | 第 37 飞行训练联队 | 第 47 飞行训练联队 | 第 64 飞行训练联队 |

| 第 71 飞行训练联队 | 第 80 飞行训练联队 | 第 81 飞行训练联队 | 第 82 飞行训练联队 |

美军部队标识图鉴

第 99 战术与训练联队 　　　　第 542 机组人员训练联队

15. 测试联队徽章标识

第 46 测试联队 　　第 96 测试联队 　　第 412 测试联队 　　太空发展与测试联队

16. 空军基地联队徽章标识

第 10 空军基地联队 　　第 39 空军基地联队 　　第 42 空军基地联队 　　第 61 空军基地联队

第 65 空军基地联队 　　第 66 空军基地联队 　　第 72 空军基地联队 　　第 75 空军基地联队

第五部分　空军徽章标识

第 77 空军基地联队 　　第 78 空军基地联队 　　第 87 空军基地联队 　　第 88 空军基地联队

第 95 空军基地联队 　　第 99 空军基地联队 　　第 377 空军基地联队

第 319 空军基地联队 　　第 435 空军基地联队 　　第 502 空军基地联队

第 628 空军基地联队 　　第 633 空军基地联队 　　第 673 空军基地联队

17. 气象联队徽章标识

第 1 气象联队 　　第 2 气象联队 　　第 3 气象联队 　　第 4 气象联队

美军部队标识图鉴

| 第5气象联队 | 第6气象联队 | 第7气象联队 | 第557气象联队 |

18. 维护联队徽章标识

| 第76维护保养联队 | 第84战斗维持联队 | 第309维护联队 | 第327飞机维护联队 |

| 第402维护保养联队 | 第448战斗维持联队 | 第508飞机维护联队 | 第542战斗维持联队 |

19. 其他联队徽章标识

| 第59医务联队 | 第79医务联队 | 第93空地作战联队 | 第435空地作战联队 |

第五部分　空军徽章标识

第98靶场联队 　　　第311人力系统联队 　　　第711人员状态评估联队

第498核系统联队 　　　第303航空系统联队 　　　第501作战支援联队

第635供应链联队 　　　第308武器系统联队 　　　第350电子系统联队

（四）空军大队徽章标识

1. 作战大队徽章标识

第1作战大队 　　　第2作战大队 　　　第3作战大队 　　　第5作战大队

美军部队标识图鉴

第 6 作战大队	第 7 作战大队	第 9 作战大队	第 12 作战大队
第 14 作战大队	第 18 作战大队	第 19 作战大队	第 20 作战大队
第 21 作战大队	第 30 作战大队	第 31 作战大队	第 33 作战大队
第 35 作战大队	第 43 作战大队	第 47 作战大队	第 48 作战大队
第 49 作战大队	第 50 作战大队	第 51 作战大队	第 55 作战大队

第五部分　空军徽章标识

第 60 作战大队	第 62 作战大队	第 86 作战大队	第 90 作战大队
第 91 作战大队	第 92 作战大队	第 94 作战大队	第 96 作战大队
第 97 作战大队	第 100 作战大队	第 107 作战大队	第 111 作战大队
第 118 作战大队	第 152 空中作战大队	第 157 作战大队	第 166 作战大队
第 167 作战大队	第 170 作战大队	第 176 作战大队	第 178 作战大队

273

美军部队标识图鉴

第 192 作战大队 　　第 193 空中作战大队 　　第 195 作战大队 　　第 217 空中作战大队

第 301 作战大队 　　第 302 作战大队 　　第 314 作战大队 　　第 315 作战大队

第 316 作战大队 　　第 317 作战大队 　　第 341 作战大队 　　第 374 作战大队

第 375 作战大队 　　第 388 作战大队 　　第 412 作战大队 　　第 432 作战大队

第 434 作战大队 　　第 437 作战大队 　　第 446 作战大队 　　第 459 作战大队

第五部分　空军徽章标识

| 第 461 作战大队 | 第 514 作战大队 | 第 552 作战大队 | 第 605 空中作战大队 |

| 第 607 空中作战大队 | 第 611 空中作战大队 | 第 726 作战大队 | 第 732 作战大队 |

| 第 908 作战大队 | 第 914 作战大队 | 第 916 作战大队 |

| 第 926 作战大队 | 第 927 作战大队 | 第 931 作战大队 |

2. 机种大队徽章标识

| 第 27 战斗机大队 | 第 44 战斗机大队 | 第 54 战斗机大队 | 第 78 战斗机大队 |

275

美军部队标识图鉴

第377战斗机大队	第414战斗机大队	第476战斗机大队	第477战斗机大队
第495战斗机大队	第917战斗机大队	第924战斗机大队	第485轰炸机大队
第489轰炸机大队	第43运输机大队	第135运输机大队	第317运输机大队
第463运输机大队	第911运输机大队	第913运输机大队	第931空中加油机大队
第69侦察机大队	第214侦察机大队	第582直升机大队	

第五部分　空军徽章标识

3. 空中远征/机动大队徽章标识

第13空中远征大队	第43空中机动作战大队	第64空中远征大队	第332远征作战大队
第370空中远征顾问大队	第371空中远征支援作战大队	第387空中远征大队	第404空中远征大队
第406空中远征作战大队	第407空中远征大队	第447空中远征大队	第449空中远征大队
第466空中远征大队	第504空中远征支援作战大队	第506空中远征大队	第515空中机动作战大队
第521空中机动作战大队	第586空中远征大队	第615空中机动作战大队

277

美军部队标识图鉴

第 621 空中机动作战大队 　　第 715 空中机动作战大队 　　第 721 空中机动作战大队

第 732 空中远征大队 　　第 738 空中远征顾问大队 　　第 838 空中远征顾问大队

4. 任务支援大队徽章标识

第 1 特种作战任务支援大队 　　第 2 任务支援大队 　　第 9 任务支援大队 　　第 10 任务支援大队

第 11 任务支援大队 　　第 14 任务支援大队 　　第 17 任务支援大队 　　第 22 任务支援大队

第 35 任务支援大队 　　第 42 任务支援大队 　　第 50 任务支援大队 　　第 52 任务支援大队

第五部分　空军徽章标识

第 55 任务支援大队	第 70 任务支援大队	第 81 任务支援大队	第 82 任务支援大队
第 88 任务支援大队	第 96 任务支援大队	第 97 任务支援大队	第 176 任务支援大队
第 325 任务支援大队	第 341 任务支援大队	第 354 任务支援大队	第 374 任务支援大队
第 412 任务支援大队	第 460 任务支援大队	第 507 任务支援大队	
第 633 任务支援大队	第 673 任务支援大队	第 733 任务支援大队	

5. 支援/支援作战大队徽章标识

第 3 空中支援作战大队	第 4 空中支援作战大队	第 18 空中支援作战大队

第 417 空中支援大队	第 611 空中支援大队	第 624 地区支援大队	第 690 网络支援大队

6. 情报侦察监视大队徽章标识

第 218 情报侦察监视大队	第 361 情报侦察监视大队	第 365 情报侦察监视大队

第 373 情报大队	第 480 情报大队	第 497 情报大队

第 543 情报侦察监视大队	第 544 情报侦察监视大队	第 548 情报大队

第五部分　空军徽章标识

第 607 空中情报大队	第 609 空中情报大队	第 614 太空情报大队
第 655 情报侦察监视大队	第 659 情报侦察监视大队	第 691 情报侦察监视大队
第 693 情报侦察监视大队	第 694 情报大队	第 707 情报侦察监视大队
空军情报系统大队	空军作战目标引导情报大队	空中与网络情报大队
全球情报搜集大队	地理空间特征情报大队	第 309 反导雷达大队

7. 信息作战大队徽章标识

第 26 赛博空间作战大队	第 50 网络作战大队	第 67 网络作战大队	第 318 赛博空间作战大队
第 688 赛博空间作战大队	第 690 赛博空间作战大队	第 960 赛博空间作战大队	第 53 电子战大队
第 55 电子战大队	第 412 电子战大队	 第 6903 电子安全大队	 第 6912 电子安全大队
 第 6920 电子安全大队	 第 6924 电子安全大队	 第 6940 电子安全大队	第 6950 电子安全大队
 第 6960 电子安全大队	第 6973 电子安全大队	 第 6981 电子安全大队	

第五部分　空军徽章标识

第 6990 电子安全大队 　　欧洲特别行动区大队 　　太平洋空军电子安全大队

8. 特种作战大队徽章标识

第 27 特种作战大队 　　第 352 特种作战大队 　　第 353 特种作战大队

第 720 特种战术大队 　　第 724 特种战术大队

9. 训练大队徽章标识

第 17 训大队 　　第 34 训练大队 　　第 37 训练大队 　　第 81 训练大队

第 306 飞行训练大队 　　第 336 训练大队 　　第 340 飞行训练大队

美军部队标识图鉴

| 第 363 训练大队 | 第 381 训练大队 | 第 479 训练大队 |

| 第 517 训练大队 | 第 602 训练大队 | 战场空军人员训练大队 |

10. 空军基地大队徽章标识

| 第 61 空军基地大队 | 第 65 空军基地大队 | 第 66 空军基地大队 | 第 70 空军基地大队 |

| 第 377 空军基地大队 | 第 402 空军基地大队 | 第 422 空军基地大队 | 第 423 空军基地大队 |

| 第 428 空军基地大队 | 第 627 空军基地大队 | 第 821 空军基地大队 | 第 820 基地防御大队 |

第五部分　空军徽章标识

11. 试验与评估大队徽章标识

第 53 试验管理大队 　　　第 53 武器评估大队 　　　第 412 试验工程大队

第 413 飞行试验大队 　　　第 704 试验大队

12. 气象大队徽章标识

第 1 气象大队 　　　第 2 气象大队

13. 指挥控制大队徽章标识

第 513 空中控制大队 　　　第 595 指挥控制大队

14. 维护保养大队徽章标识

第 2 维护保养大队 　　第 7 维护保养大队 　　第 8 维护保养大队 　　第 9 维护保养大队

美军部队标识图鉴

第 15 维护保养大队 　　　第 18 维护保养大队 　　　第 22 维护保养大队

第 28 维护保养大队 　　　第 35 维护保养大队 　　　第 48 维护保养大队

第 49 维护保养大队 　　　第 62 维护保养大队 　　　第 91 维护保养大队

第 192 维护保养大队 　　第 315 维护保养大队 　　第 354 维护保养大队 　　第 374 维护保养大队

第 386 远征维护
保养大队　　　第 461 维护保养大队 　　第 509 维护保养大队 　　第 635 器材维护
保养大队

第五部分　空军徽章标识

15. 后勤大队徽章标识

第 375 后勤大队 　　　　　　　　　　第 673 后勤战备大队

16. 救援大队徽章标识

第 347 救援大队 　　　　　第 563 救援大队 　　　　　第 943 救援大队

17. 医务大队徽章标识

第 2 医务大队 　　　第 6 医务大队 　　　第 7 医务大队 　　　第 9 医务大队

第 14 医务大队 　　　第 17 医务大队 　　　第 31 医务大队 　　　第 23 医务大队

287

美军部队标识图鉴

第 42 医务大队	第 52 医务大队	第 81 医务大队	第 82 医务大队
第 87 医务大队	第 97 医务大队	第 117 医务大队	第 354 医务大队
第 359 医务大队	第 377 医务大队	第 379 远征医务大队	第 412 医务大队
第 460 医务大队	第 559 医务大队		第 628 医务大队
第 633 医务大队	第 673 医务大队		第 959 医务大队

第五部分　空军徽章标识

18. 武器系统大队徽章标识

第 308 武器系统大队 　　第 328 武器系统大队 　　第 408 武器系统大队 　　第 708 武器系统大队

第 728 武器系统大队 　　第 808 武器系统大队 　　第 918 武器系统大队

19. 通信大队徽章标识

第 3 战斗通信大队 　　第 5 战斗通信大队 　　第 55 战斗通信大队 　　第 162 战斗通信大队

第 201 战斗通信大队 　　第 226 战斗通信大队 　　第 253 战斗通信大队

第 254 战斗通信大队 　　第 281 战斗通信大队 　　第 844 通信大队

289

20. 应急响应大队徽章标识

第 435 应急响应大队 　　第 613 应急响应大队 　　第 818 应急响应大队 　　第 821 应急响应大队

21. 其他大队徽章标识

第 38 赛博空间工程建设大队 　　第 526 洲际导弹系统大队 　　第 735 供应链作战大队 　　第 820 安全部队大队

第 754 电子系统大队 　　太空与导弹分析大队 　　第 372 人员征召大队

（五）空军中队徽章标识

1. 战斗机中队徽章标识

第 1 战斗机中队 　　第 2 战斗机中队 　　第 4 战斗机中队 　　第 7 战斗机中队

第五部分　空军徽章标识

第 8 战斗机中队	第 9 战斗机中队	第 12 战斗机中队	第 13 战斗机中队
第 14 战斗机中队	第 17 战斗机中队	第 18 战斗机中队	第 19 战斗机中队
第 20 战斗机中队	第 21 战斗机中队	第 22 战斗机中队	第 23 战斗机中队
第 25 战斗机中队	第 27 战斗机中队	第 34 战斗机中队	第 35 战斗机中队
第 36 战斗机中队	第 43 战斗机中队	第 44 战斗机中队	

美军部队标识图鉴

第 45 战斗机中队	第 46 战斗机中队	第 47 战斗机中队	第 53 战斗机中队
第 54 战斗机中队	第 55 战斗机中队	第 58 战斗机中队	第 59 战斗机中队
第 60 战斗机中队	第 61 战斗机中队	第 62 战斗机中队	第 63 战斗机中队
第 67 战斗机中队	第 68 战斗机中队	第 69 战斗机中队	第 70 战斗机中队
第 74 战斗机中队	第 75 战斗机中队	第 76 战斗机中队	

第五部分　空军徽章标识

第 77 战斗机中队	第 79 战斗机中队	 第 80 战斗机中队	第 81 战斗机中队
第 90 战斗机中队	第 91 战斗机中队	第 93 战斗机中队	第 94 战斗机中队
第 95 战斗机中队	第 100 战斗机中队	 第 103 战斗机中队	第 104 战斗机中队
第 107 战斗机中队	第 110 战斗机中队	第 112 战斗机中队	第 114 战斗机中队
第 118 战斗机中队	 第 119 战斗机中队	第 120 战斗机中队	第 121 战斗机中队

293

美军部队标识图鉴

第 122 战斗机中队	第 123 战斗机中队	第 124 战斗机中队	第 125 战斗机中队
第 131 战斗机中队	第 134 战斗机中队	第 138 战斗机中队	第 148 战斗机中队
第 149 战斗机中队	第 152 战斗机中队	第 157 战斗机中队	第 159 战斗机中队
第 160 战斗机中队	第 161 战斗机中队	第 162 战斗机中队	第 163 战斗机中队
第 170 战斗机中队	第 172 战斗机中队	第 175 战斗机中队	第 176 战斗机中队

第五部分 空军徽章标识

| 第 179 战斗机中队 | 第 182 战斗机中队 | 第 184 战斗机中队 | 第 188 战斗机中队 |

| 第 190 战斗机中队 | 第 194 战斗机中队 | 第 195 战斗机中队 | 第 198 战斗机中队 |

| 第 199 战斗机中队 | 第 301 战斗机中队 | 第 302 战斗机中队 | 第 303 战斗机中队 |

| 第 307 战斗机中队 | 第 308 战斗机中队 | 第 309 战斗机中队 | 第 310 战斗机中队 |

| 第 311 战斗机中队 | 第 312 战斗机中队 | 第 314 战斗机中队 | 第 315 战斗机中队 |

美军部队标识图鉴

第 319 战斗机中队	第 333 战斗机中队	第 334 战斗机中队	第 335 战斗机中队
第 336 战斗机中队	第 354 战斗机中队	第 355 战斗机中队	第 357 战斗机中队
第 358 战斗机中队	 第 361 战斗机中队	第 367 战斗机中队	第 377 战斗机中队
第 378 战斗机中队	 第 385 战斗机中队	第 389 战斗机中队	第 390 战斗机中队
第 391 战斗机中队	 第 416 战斗机中队	第 421 战斗机中队	第 425 战斗机中队

第五部分　空军徽章标识

第 426 战斗机中队	第 428 战斗机中队	第 433 战斗机中队	第 437 战斗机中队
第 449 战斗机中队	第 457 战斗机中队	第 466 战斗机中队	第 480 战斗机中队
第 492 战斗机中队	第 493 战斗机中队	第 494 战斗机中队	第 497 战斗机中队
第 510 战斗机中队	第 523 战斗机中队	第 524 战斗机中队	第 525 战斗机中队
第 550 战斗机中队	第 555 战斗机中队	第 561 战斗机中队	第 706 战斗机中队

297

2. 轰炸机中队徽章标识

第 9 轰炸机中队	第 11 轰炸机中队	第 13 轰炸机中队	第 20 轰炸机中队
第 23 轰炸机中队	第 28 轰炸机中队	第 34 轰炸机中队	 第 46 轰炸机中队
第 69 轰炸机中队	 第 72 轰炸机中队	第 93 轰炸机中队	第 96 轰炸机中队
第 127 轰炸机中队	第 343 轰炸机中队	第 345 轰炸机中队	
第 393 轰炸机中队	第 405 轰炸机中队	第 688 轰炸机中队	

第五部分　空军徽章标识

3. 攻击机中队徽章标识

| 第 6 攻击机中队 | 第 11 攻击机中队 | 第 15 攻击机中队 | 第 17 攻击机中队 |

| 第 18 攻击机中队 | 第 20 攻击机中队 | 第 22 攻击机中队 | 第 29 攻击机中队 |

| 第 42 攻击机中队 | 第 50 攻击机中队 | 第 62 远征攻击机中队 | 第 68 攻击机中队 |

| 第 78 攻击机中队 | 第 89 攻击机中队 | 第 91 攻击机中队 | 第 103 攻击机中队 |

| 第 124 攻击机中队 | 第 162 攻击机中队 | 第 172 攻击机中队 |

美军部队标识图鉴

| 第 429 攻击机中队 | 第 432 攻击机中队 | 第 482 攻击机中队 |

| 第 489 攻击机中队 | 第 491 攻击机中队 | 第 492 攻击机中队 | 第 867 攻击机中队 |

4. 直升机中队徽章标识

| 第 1 直升机中队 |  第 37 直升机中队 | 第 40 直升机中队 | 第 54 直升机中队 |

5. 加油机中队徽章标识

| 第 2 加油机中队 | 第 6 加油机中队 | 第 9 加油机中队 | 第 18 加油机中队 |

| 第 21 加油机中队 | 第 22 加油机中队 | 第 32 加油机中队 | 第 42 加油机中队 |

第五部分　空军徽章标识

第 43 加油机中队 　　第 44 远征加油机中队 　　第 50 加油机中队 　　第 54 加油机中队

第 55 加油机中队 　　第 56 加油机中队 　　第 63 加油机中队 　　第 64 加油机中队

第 70 加油机中队 　　第 71 加油机中队 　　第 72 加油机中队 　　第 74 加油机中队

第 76 加油机中队 　　第 77 加油机中队 　　第 78 加油机中队 　　第 79 加油机中队

第 90 加油机中队 　　第 91 加油机中队 　　第 92 加油机中队 　　第 93 加油机中队

301

美军部队标识图鉴

第 96 加油机中队	第 97 加油机中队	第 98 加油机中队	第 99 加油机中队
第 106 加油机中队	第 108 加油机中队	第 116 加油机中队	第 117 加油机中队
第 126 加油机中队	第 132 加油机中队	第 133 加油机中队	第 141 加油机中队
第 145 加油机中队	第 146 加油机中队	第 147 加油机中队	 第 150 加油机中队
第 151 加油机中队	第 153 加油机中队	第 166 加油机中队	第 168 加油机中队

第五部分　空军徽章标识

第 171 加油机中队	第 173 加油机中队	第 174 加油机中队	第 186 加油机中队
第 191 加油机中队	第 196 加油机中队	第 197 加油机中队	第 203 加油机中队
第 306 远征加油机中队	第 314 加油机中队	第 332 远征加油机中队	
第 336 加油机中队	第 340 远征加油机中队	第 344 加油机中队	
第 349 加油机中队	第 350 加油机中队	第 351 加油机中队	

美军部队标识图鉴

第 363 加油机中队 　　第 348 加油机中队 　　第 434 加油机中队 　　第 465 加油机中队

第 506 加油机中队 　　第 712 加油机中队 　　第 756 加油机中队 　　第 901 加油机中队

第 903 加油机中队 　　第 905 加油机中队 　　第 906 加油机中队 　　第 908 加油机中队

第 909 加油机中队 　　第 910 加油机中队 　　第 911 加油机中队 　　第 912 加油机中队

第 919 加油机中队 　　第 920 加油机中队 　　第 924 加油机中队 　　第 928 加油机中队

第五部分　空军徽章标识

6. 运输机中队徽章标识

第 1 运输机中队	第 2 运输机中队	第 3 运输机中队	第 4 运输机中队
第 6 运输机中队	第 7 运输机中队	第 8 运输机中队	第 9 运输机中队
第 10 运输机中队	第 11 运输机中队	第 14 运输机中队	第 15 运输机中队
第 15 运输机中队（特战）	第 16 运输机中队（特战）	第 16 运输机中队	第 17 运输机中队
第 21 运输机中队	第 22 运输机中队	第 30 运输机中队	第 36 运输机中队

305

美军部队标识图鉴

第 37 运输机中队  | 第 39 运输机中队  | 第 40 运输机中队  | 第 41 运输机中队

第 45 运输机中队  | 第 48 运输机中队  | 第 50 运输机中队  | 第 52 运输机中队

第 53 运输机中队  | 第 55 运输机中队  | 第 58 运输机中队  | 第 61 运输机中队

第 62 运输机中队  | 第 65 运输机中队  | 第 68 运输机中队  | 第 73 运输机中队

第 75 运输机中队  | 第 76 运输机中队  | 第 89 运输机中队  | 第 95 运输机中队

第五部分　空军徽章标识

第 96 运输机中队	第 105 运输机中队	 第 130 运输机中队	第 135 运输机中队
第 137 运输机中队	第 142 运输机中队	第 143 运输机中队	第 144 运输机中队
第 156 运输机中队	第 158 运输机中队	第 164 运输机中队	第 165 运输机中队
第 169 运输机中队	第 171 运输机中队	第 172 运输机中队	第 180 运输机中队
 第 181 运输机中队	第 187 运输机中队	第 192 运输机中队	第 201 运输机中队

美军部队标识图鉴

第 204 运输机中队	第 249 运输机中队	第 300 运输机中队	第 301 运输机中队
第 309 运输机中队	第 310 运输机中队	第 311 运输机中队	第 312 运输机中队
 第 313 运输机中队	第 317 运输机中队	第 326 运输机中队	第 327 运输机中队
第 328 运输机中队	第 332 运输机中队	第 337 运输机中队	第 356 运输机中队
第 345 运输机中队	第 357 运输机中队	第 363 运输机中队	第 457 运输机中队

第五部分　空军徽章标识

第 458 运输机中队	第 459 运输机中队	第 517 运输机中队	第 535 运输机中队
第 700 运输机中队	第 701 运输机中队	第 709 运输机中队	第 728 运输机中队
第 729 运输机中队	第 730 运输机中队	第 731 运输机中队	第 732 运输机中队
第 737 运输机中队	第 746 运输机中队	第 756 运输机中队	第 757 运输机中队
 第 758 运输机中队	 第 772 远征运输机中队	 第 773 运输机中队	 第 774 远征运输机中队

美军部队标识图鉴

第 776 远征运输机中队 　　第 777 远征运输机中队 　　第 779 远征运输机中队

第 780 远征运输机中队 　　第 815 运输机中队 　　第 817 远征运输机中队

7. 侦察机中队徽章标识

第 1 侦察机中队 　　第 4 远征侦察机中队 　　第 5 侦察机中队

第 6 侦察机中队 　　第 7 侦察机中队 　　第 11 侦察机中队 　　第 12 侦察机中队

第 13 侦察机中队 　　第 15 侦察机中队 　　第 17 侦察机中队 　　第 18 侦察机中队

第五部分 空军徽章标识

第 20 侦察机中队	第 21 远征侦察机中队	第 22 侦察机中队	第 30 侦察机中队
第 38 侦察机中队	第 44 侦察机中队	第 45 侦察机中队	第 46 远征侦察机中队
第 55 远征侦察机中队	第 60 侦察机中队	第 62 远征侦察机中队	第 69 侦察机中队
 第 73 侦察机中队	第 78 侦察机中队	第 82 侦察机中队	第 95 侦察机中队
第 99 远征侦察机中队	第 99 侦察机中队	 第 111 侦察机中队	第 162 侦察机中队

311

美军部队标识图鉴

第 214 侦察机中队 　　第 324 远征侦察机中队 　　第 343 侦察机中队 　　第 348 侦察机中队

第 361 远征侦察机中队 　　第 362 远征侦察机中队 　　第 363 远征侦察机中队 　　第 427 侦察机中队

第 489 侦察机中队 　　第 867 侦察机中队 　　第 1 战斗照相中队

第 2 战斗照相中队 　　第 3 战斗照相中队 　　第 4 战斗照相中队

8. 入侵者中队（假想敌）徽章标识

第 18 入侵者中队 　　第 64 入侵者中队 　　第 65 入侵者中队 　　第 507 防空入侵者中队

第五部分　空军徽章标识

第 57 信息入侵者中队 　第 262 信息入侵者中队 　第 177 信息作战入侵者中队 　第 26 太空入侵者中队

第 527 太空入侵者中队 　第 57 入侵者战术支援中队 　第 353 入侵者支援中队

9. 导弹中队徽章标识

第 10 导弹中队 　第 12 导弹中队 　第 56 导弹支援中队 　第 66 导弹中队

第 67 导弹中队 　第 68 导弹中队 　第 310 战术导弹中队 　第 319 导弹中队

第 320 导弹中队 　第 321 导弹中队 　第 373 战略导弹中队 　第 390 导弹中队

美军部队标识图鉴

第 400 导弹中队	 第 446 导弹中队	第 447 导弹中队	第 448 导弹中队
第 490 导弹中队	 第 508 导弹中队	第 509 洲际弹道导弹系统中队	 第 510 导弹中队
 第 532 导弹中队	第 564 导弹中队	 第 566 导弹中队	第 570 战略导弹中队
第 571 战略导弹中队	第 740 导弹中队	第 741 导弹中队	第 742 导弹中队

10. 特种作战中队徽章标识

第 1 特种作战中队	第 2 特种作战中队	第 3 特种作战中队	第 4 特种作战中队

第五部分　空军徽章标识

第 5 特种作战中队	第 6 特种作战中队	第 7 特种作战中队	第 8 特种作战中队
第 9 特种作战中队	第 12 特种作战中队	第 15 特种作战中队	第 16 特种作战中队
第 17 特种作战中队	第 19 特种作战中队	第 20 特种作战中队	第 27 特种作战中队
第 31 特种作战中队	第 33 特种作战中队	第 34 特种作战中队	第 58 特种作战中队
第 65 特种作战中队	第 67 特种作战中队	第 71 特种作战中队	第 73 特种作战中队

315

美军部队标识图鉴

第 98 特种作战中队	 第 185 特种作战中队	第 193 特种作战中队	第 318 特种作战中队
第 319 特种作战中队	第 522 特种作战中队	第 524 特种作战中队	第 550 特种作战中队
第 551 特种作战中队	第 602 特种作战中队	第 711 特种作战中队	第 859 特种作战中队
第 17 特种战术中队	第 21 特种战术中队	第 22 特种战术中队	第 23 特种战术中队
 第 24 特种战术中队	第 26 特种战术中队	第 320 特种战术中队	第 321 特种战术中队

第五部分　空军徽章标识

11. 作战行动中队徽章标识

| 第 9 作战行动中队 | 第 193 作战行动中队 | 第 286 空中作战中队 | 第 232 行动中队 |

| 第 701 作战行动中队 | 第 710 作战行动中队 | 第 713 作战行动中队 |

| 第 820 作战行动中队 | 第 845 作战行动中队 | 第 620 地面战斗中队 |

12. 情报中队徽章标识

| 第 3 情报中队 | 第 5 情报中队 | 第 6 情报中队 | 第 7 情报中队 |

| 第 8 情报中队 | 第 9 情报中队 |  第 10 情报中队 | 第 11 特种作战情报中队 |

317

美军部队标识图鉴

第 12 情报中队	第 13 情报中队	第 15 情报中队	第 16 情报中队
第 14 情报中队	第 18 情报中队	第 20 情报中队	第 21 情报中队
第 22 情报中队	第 24 情报中队	第 25 情报中队	第 26 情报中队
第 27 情报中队	第 28 情报中队	第 29 情报中队	第 30 情报中队
第 31 情报中队	第 32 情报中队	第 33 情报中队	第 34 情报中队

第五部分　空军徽章标识

第 35 情报中队	第 36 情报中队	第 37 情报中队	第 38 情报中队
第 41 情报中队	第 43 情报中队	第 45 情报中队	第 48 情报中队
第 49 情报中队	第 50 情报中队	第 51 情报中队	第 52 远征情报中队
第 55 情报中队	第 56 特种作战情报中队	第 57 情报中队	第 63 情报中队
第 64 情报中队	第 70 情报中队	第 71 情报中队	第 75 情报中队

美军部队标识图鉴

第 81 情报中队	第 93 情报中队	第 94 情报中队	第 97 情报中队
第 102 情报支援中队	第 117 情报中队	第 123 情报中队	第 124 情报中队
第 125 情报支援中队	第 126 情报中队	第 127 情报中队	第 137 情报中队
第 139 情报中队	第 149 情报中队	第 152 情报中队	第 153 情报中队
第 161 情报中队	第 181 情报支援中队	第 189 情报中队	第 192 情报中队

第五部分　空军徽章标识

第 193 空中情报中队 　　第 194 情报中队 　　第 201 情报中队 　　第 223 情报支援中队

第 234 情报中队 　　第 285 特种作战情报中队 　　第 301 情报中队 　　第 303 情报支援中队

第 306 情报中队 　　第 324 情报中队 　　第 381 情报中队 　　第 390 情报中队

第 392 情报中队 　　第 402 情报中队 　　第 450 情报中队 　　第 451 情报中队

第 485 情报中队 　　第 488 情报中队 　　第 495 远征情报中队 　　第 512 情报中队

321

美军部队标识图鉴

| 第 526 情报中队 | 第 531 情报中队 |  第 544 防御情报中队 |  第 544 进攻情报中队 |

| 第 547 情报中队 | 第 605 空中情报中队 | 第 607 空中情报中队 | 第 608 空中情报中队 |

| 第 609 空中情报中队 | 第 611 空中情报中队 | 第 612 空中情报中队 | 第 614 太空情报中队 |

| 第 690 情报支援中队 | 第 692 情报支援中队 | 第 693 情报支援中队 | 第 694 情报支援中队 |

| 第 718 情报支援中队 | 第 792 情报支援中队 | 第 1068 太空报中队 |

第五部分　空军徽章标识

第1854司令部管制情报支援中队	空战司令部情报中队	太平洋空军飞行情报中队
第7454情报中队	第7456战术情报中队	弹道导弹分析中队
飞机分析中队	网络空间及注册跟踪情报中队	太空情报分析中队
信息开发中队	未知威胁分析中队	信号分析中队	电磁分析中队
工程分析中队	空军情报局派遣中队	全球活动中队	国外形势开发中队

323

美军部队标识图鉴

空军物流司令部情报中队 　　　反太空分析中队 　　　第 82 空中目标中队

13. 信息作战中队徽章标识

第 8 信息战中队 　　　第 23 信息作战中队 　　　第 39 信息作战中队 　　　第 68 信息作战中队

第 101 信息作战中队 　　　第 175 信息作战中队 　　　第 229 信息作战中队

第 273 信息作战中队 　　　第 315 信息作战中队 　　　第 352 信息作战中队

第 451 信息作战中队 　　　第 566 信息作战中队 　　　第 609 信息战中队

第五部分　空军徽章标识

第 16 电子战中队	第 36 电子战中队	第 39 电子战中队	第 41 电子战中队
 第 42 电子战中队	 第 43 电子战中队	第 68 电子战中队	第 87 电子战中队
第 361 战术电子战中队	第 388 电子战中队	第 390 电子战中队	第 429 电子战中队
 第 430 电子战中队	第 453 电子战中队	 第 513 电子战中队	第 26 网络作战中队
第 33 网络战中队	第 83 网络作战中队	 第 91 网络作战中队	

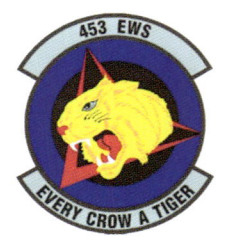

325

美军部队标识图鉴

第 166 网络战中队 　　　第 561 网络作战中队 　　　第 960 网络战中队

第 38 赛博空间战备中队 　　　第 90 赛博空间作战中队 　　　第 92 赛博空间作战中队

第 140 赛博作战中队 　　　第 390 赛博空间作战中队

第 690 赛博空间作战中队 　　　第 691 赛博空间作战中队 　　　第 833 赛博空间作战中队

第 835 赛博空间作战中队 　　　第 836 赛博空间作战中队 　　　第 837 赛博空间作战中队

第五部分 空军徽章标识

第 169 电子安全中队　第 6911 电子安全中队　第 6914 电子安全中队　第 6915 电子安全中队

第 6919 电子安全中队　第 6922 电子安全中队　第 6924 电子安全中队

第 6949 电子安全中队　第 6952 电子安全中队　第 6990 电子安全中队

第 7426 电子安全中队　第 8075 电子安全中队　第 8078 电子安全中队

14. 指挥控制中队徽章标识

第 1 空中指挥控制中队　第 2 空中指挥控制中队　第 3 空中指挥控制中队

美军部队标识图鉴

第 5 远征空中指挥控制中队	 第 6 空中指挥控制中队	第 7 空中指挥控制中队
 第 9 空中指挥控制中队	 第 12 空中指挥控制中队	第 16 空中指挥控制中队
第 53 空中交通控制中队	第 55 机动指挥控制中队	 第 109 空中控制中队
第 127 空中指挥控制中队	第 128 空中指挥控制中队	第 153 指挥控制中队
第 241 空中战术控制中队	第 243 空中交通控制中队	第 260 空中交通控制中队

第五部分　空军徽章标识

第 325 空中控制中队	第 337 空中控制中队	第 461 空中控制网络中队
第 552 空中控制网络中队	第 603 空中控制中队	第 606 空中控制中队
第 607 空中控制中队	第 610 空中控制中队	第 621 空中控制中队
第 623 空中控制中队	第 726 空中控制中队	第 727 空中控制中队
第 729 空中控制中队	第 960 空中指控中队	第 961 空中指挥控制中队	第 962 空中指挥控制中队

美军部队标识图鉴

第963空中指挥控制中队 　　第964空中指挥控制中队 　　第965空中指挥控制中队

第966空中指挥控制中队 　　第968远征空中指挥控制中队 　　第970机载空中指挥控制中队

15. 太空中队徽章标识

第1太空作战中队 　　第2太空作战中队 　　第3太空作战中队 　　第4太空作战中队

第5太空作战中队 　　第6太空作战中队 　　第7太空作战中队 　　第9太空作战中队

第19太空作战中队 　　第21太空作战中队 　　第22太空作战中队

第五部分　空军徽章标识

第 23 太空作战中队 　　　第 148 太空作战中队 　　　第 625 战略作战中队

第 1 太空控制中队 　　　第 4 太空控制中队 　　　第 16 太空控制中队

第 18 太空控制中队 　　　第 20 太空控制中队 　　　第 25 太空控制战术中队

第 76 太空控制中队 　　　第 216 太空控制中队 　　　第 380 太空控制中队

第 2 太空预警中队 　　　第 4 太空预警中队 　　　第 5 太空预警中队 　　　第 6 太空预警中队

美军部队标识图鉴

| 第 7 太空预警中队 | 第 8 太空预警中队 | 第 9 太空预警中队 | 第 10 太空预警中队 |

| 第 11 太空预警中队 | 第 12 太空预警中队 | 第 13 太空预警中队 | 第 137 太空预警中队 |

| 第 1 太空监视中队 | 第 5 太空监视中队 | 第 17 太空监视中队 | 第 18 太空监视中队 |

| 第 1 太空发射中队 |  第 2 太空发射中队 | 第 3 太空发射中队 | 第 5 太空发射中队 |

16. 机动/远征中队徽章标识

| 第 8 远征机动中队 | 第 15 空中机动作战中队 | 第 43 机动中队 | 第 321 空中机动作战中队 |

第五部分　空军徽章标识

第 349 空中机动作战中队	第 435 空中机动中队	第 440 空中远征顾问中队	第 441 空中远征中队
第 444 空中远征顾问中队	第 521 空中远征顾问中队	第 532 远征中队	第 538 空中远征顾问中队
第 571 机动支援顾问中队	第 615 空中机动作战中队	第 621 空中机动作战中队	第 724 空中机动中队
第 725 空中机动中队	第 726 空中机动中队	 第 727 空中机动中队	第 728 空中机动中队
第 730 空中机动中队	第 731 空中机动中队	第 732 空中机动中队	第 733 空中机动中队

333

美军部队标识图鉴

第734空中机动中队 　　第735空中机动中队 　　第755空中远征中队

第801空中远征顾问中队 　　第817全球机动中队 　　第818机动支援顾问中队

第821空中机动中队 　　第866空中远征中队 　　第955空中远征中队

17. 救援中队徽章标识

第26远征救援中队 　　第31救援中队 　　第33救援中队 　　第36救援中队

第38救援中队 　　第39救援中队 　　第41救援中队 　　第46远征救援中队

第五部分 空军徽章标识

第 48 救援中队	第 52 远征救援中队	 第 55 救援中队	第 56 救援中队
 第 57 救援中队	第 58 救援中队	第 64 远征救援中队	第 66 救援中队
第 71 救援中队	第 79 救援中队	第 101 救援中队	第 102 救援中队
第 129 救援中队	第 130 救援中队	第 131 救援中队	第 210 救援中队
第 211 救援中队	第 212 救援中队	第 301 救援中队	 第 303 救援中队

美军部队标识图鉴

第 304 救援中队 　　第 305 救援中队 　　第 306 救援中队 　　第 308 救援中队

18. 气象中队徽章标识

第 1 气象中队 　　第 2 气象中队 　　第 3 气象中队

第 7 气象中队 　　第 9 作战气象中队 　　第 10 战斗气象中队

第 11 作战气象中队 　　第 14 气象中队 　　第 15 作战气象中队

第 16 气象中队 　　第 17 作战气象中队 　　第 18 气象中队 　　第 19 远征气象中队

第五部分　空军徽章标识

第 20 气象中队	第 21 作战气象中队	第 23 特种作战气象中队	第 25 作战气象中队
第 26 作战气象中队	第 28 作战气象中队	第 30 气象中队	
第 45 气象中队	第 46 气象中队	第 53 气象监视中队	第 55 太空气象中队
第 88 气象中队	第 96 气象中队	第 116 气象中队	第 164 气象中队
第 165 气象中队	第 203 气象飞行中队	第 607 气象中队	

美军部队标识图鉴

第 617 气象中队 　　　　第 815 气象中队 　　　　空军大气环境作战独立中队

19. 通信中队徽章标识

第 1 特种作战通信中队 　　第 2 通信中队 　　　　第 3 通信中队

第 4 通信中队 　　　　　　第 6 通信中队 　　　　第 7 通信中队

第 8 通信中队 　　　　　　第 9 通信中队 　　　　第 10 通信中队

第 14 通信中队 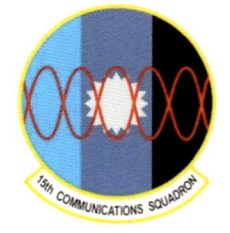　　　第 15 通信中队 　　　第 17 通信中队 　　　第 18 通信中队

第五部分　空军徽章标识

第 19 通信中队	第 21 通信中队	第 23 通信中队	第 27 特种作战通信中队
 第 33 通信中队	第 35 通信中队	第 42 通信中队	第 48 通信中队
 第 49 通信中队	第 55 通信中队	第 56 通信中队	
第 61 通信中队	第 62 通信中队	第 65 通信中队	
第 70 通信中队	第 82 通信中队	第 83 通信中队	

美军部队标识图鉴

第 86 通信中队 　　　　第 88 通信中队 　　　　第 92 通信中队

第 95 通信中队 　　　　第 96 通信中队 　　　　第 97 通信中队 　　　　第 99 通信中队

第 100 通信中队 　　　　第 127 通信中队 　　　　第 137 特种作战通信中队 　　　　第 157 通信中队

第 325 通信中队 　　　　第 349 通信中队 　　　　第 354 通信中队

第 355 通信中队 　　　　第 366 通信中队 　　　　第 374 通信中队 　　　　第 380 远征通信中队

第五部分　空军徽章标识

第 412 通信中队	第 423 通信中队	第 434 通信中队	第 455 远征通信中队
第 482 通信中队	第 502 通信中队	第 509 通信中队	第 514 通信中队
第 628 通信中队	第 633 通信中队	第 673 通信中队	第 707 通信中队
第 744 通信中队	第 802 通信中队	第 844 通信中队	第 902 通信中队
第 916 通信中队	第 919 特种作战通信中队		第 56 空中通信中队

341

美军部队标识图鉴

第 193 空中通信中队 　　第 603 空中通信中队 　　第 607 空中通信中队

第 608 空中通信中队 　　第 609 空中通信中队 　　第 611 空中通信中队 　　第 612 空中通信中队

第 616 空中通信中队 　　第 1 空天通信中队 　　第 614 空天通信中队

第 3 太空通信中队 　　第 30 太空通信中队 　　第 50 太空通信中队 　　第 460 太空通信中队

第 1 战斗通信中队 　　第 5 战斗通信支援中队 　　第 23 战斗通信中队 　　第 32 战斗通信中队

第五部分　空军徽章标识

第 33 战斗通信中队	第 34 战斗通信中队	第 51 战斗通信中队	第 52 战斗通信中队
第 53 战斗通信中队	第 54 战斗通信中队	第 55 战斗通信中队	第 116 战斗通信中队
第 118 战斗通信中队	第 149 战斗通信中队	第 221 战斗通信中队	
第 222 战斗通信中队	第 223 战斗通信中队	第 228 战斗通信中队	
第 232 战斗通信中队	第 234 战斗通信中队	第 236 战斗通信中队	

343

美军部队标识图鉴

第 238 战斗通信中队	第 239 战斗通信中队	第 242 战斗通信中队	第 256 战斗通信中队
第 261 战斗通信中队	第 265 战斗通信中队	第 269 战斗通信中队	第 271 战斗通信中队
第 272 战斗通信中队	第 276 战斗通信中队	第 280 战斗通信中队	第 282 战斗通信中队
第 283 战斗通信中队	第 285 战斗通信中队	第 291 战斗通信中队	第 292 战斗通信中队
第 293 战斗通信中队	第 644 战斗通信中队	第 55 战略通信中队	

第五部分　空军徽章标识

20. 训练中队徽章标识

第 1 飞行训练中队	第 3 飞行训练中队	第 5 飞行训练中队	第 8 飞行训练中队
第 16 飞行训练中队	第 23 飞行训练中队	第 25 飞行训练中队	第 26 飞行训练中队
第 32 飞行训练中队	第 33 飞行训练中队	第 35 飞行训练中队	第 37 飞行训练中队
第 39 飞行训练中队	 第 41 飞行训练中队	第 43 飞行训练中队	第 48 飞行训练中队
第 49 飞行训练中队	第 50 飞行训练中队	第 52 飞行训练中队	

345

美军部队标识图鉴

第 70 飞行训练中队 　　第 71 战斗训练中队 　　第 84 飞行训练中队

第 85 飞行训练中队 　　第 86 飞行训练中队 　　第 87 飞行训练中队 　　第 88 飞行训练中队

第 89 飞行训练中队 　　第 90 飞行训练中队 　　第 94 飞行训练中队 　　第 96 飞行训练中队

第 97 飞行训练中队 　　第 98 飞行训练中队 　　第 99 飞行训练中队 　　第 100 飞行训练中队

第 391 飞行训练中队 　　第 434 飞行训练中队 　　第 449 飞行训练中队 　　第 450 飞行训练中队

第五部分　空军徽章标识

第 451 飞行训练中队	第 459 飞行训练中队	第 469 飞行训练中队
第 557 飞行训练中队	第 558 飞行训练中队	第 559 飞行训练中队
第 560 飞行训练中队	第 562 飞行训练中队	第 563 飞行训练中队
第 6 战斗训练中队	第 12 战斗训练中队	第 34 战斗训练中队	第 238 战斗训练中队
第 330 战斗训练中队	第 338 战斗训练中队	第 353 战斗训练中队	第 394 战斗训练中队

美军部队标识图鉴

第 414 战斗训练中队 　　第 421 战斗训练中队 　　第 429 空战训练中队 　　第 435 战斗训练中队

第 497 战斗训练中队 　　第 505 战斗训练中队 　　第 507 战斗训练中队 　　第 548 战斗训练中队

第 549 战斗训练中队 　　第 705 战斗训练中队 　　第 423 机动训练中队

第 16 训练中队 　　第 24 训练中队 　　第 54 训练中队 　　第 56 训练中队

第 58 训练中队 　　第 97 训练中队 　　第 311 训练中队 　　第 312 训练中队

第五部分　空军徽章标识

第 313 训练中队 　　第 314 训练中队 　　第 315 训练中队 　　第 316 训练中队

第 319 训练中队 　　第 320 训练中队 　　第 321 训练中队 　　第 322 训练中队

第 323 训练中队 　　第 324 训练中队 　　第 326 训练中队 　　第 331 训练中队

第 332 训练中队 　　第 333 训练中队 　　第 334 训练中队 　　第 335 训练中队

第 336 训练中队 　　第 338 训练中队 　　第 341 训练中队 　　第 342 训练中队

349

美军部队标识图鉴

第343训练中队	第344训练中队	第345训练中队	第355训练中队
第359训练中队	第360训练中队	第361训练中队	 第362训练中队
第363训练中队	第364训练中队	第365训练中队	第366训练中队
第371特种作战训练中队	第372训练中队	第373训练中队	第381训练中队
第382训练中队	第383训练中队	第392训练中队	第433训练中队

第五部分　空军徽章标识

第 436 训练中队	第 505 训练中队	第 532 训练中队	第 533 训练中队
 第 534 训练中队	第 552 训练中队	第 714 训练中队	第 733 训练中队
 第 837 训练中队	第 17 训练保障中队	 第 81 训练保障中队	第 325 训练保障中队
第 367 训练保障中队	第 381 训练支持中队	第 737 训练保障中队	
空中作战中心训练保障中队	第 30 学员中队	第 31 学员中队	第 32 学员中队

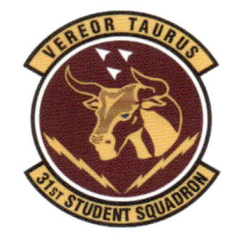

351

美军部队标识图鉴

第 33 学员中队 　　第 34 学员中队 　　第 35 学员中队

第 36 学员中队 　　第 37 学员中队 　　第 38 学员中队

21. 试验中队徽章标识

第 10 飞行试验中队 　　第 14 试验中队 　　第 16 试验中队 　　第 17 试验中队

第 18 飞行试验中队 　　第 31 试验与评估中队 　　第 33 飞行试验中队 　　第 40 飞行试验中队

第 45 试验中队 　　第 46 试验中队 　　第 49 试验与评估中队 　　第 84 试验与评估中队

第五部分　空军徽章标识

第 85 试验与评估中队	第 133 试验中队	 第 337 试验与评估中队	第 339 飞行试验中队
第 346 试验中队	第 370 飞行试验中队	第 410 飞行试验中队	第 411 飞行试验中队
第 412 飞行试验中队	第 413 飞行试验中队	第 416 飞行试验中队	第 417 飞行试验中队
第 418 飞行试验中队	第 419 飞行试验中队	第 420 飞行试验中队	第 422 飞行试验中队
第 445 飞行试验中队	第 452 飞行试验中队	第 461 飞行试验中队	第 505 试验中队

353

美军部队标识图鉴

第 514 飞行试验中队	第 576 飞行试验中队	第 586 飞行试验中队	第 605 试验与评估中队
第 716 试验中队	第 746 试验中队	第 771 试验中队	第 772 试验中队
第 773 试验中队	第 775 试验中队	第 780 试验中队	第 781 试验中队
第 846 试验中队	第 1 空天试验中队	第 47 赛博空间试验中队	第 53 试验保障中队
第 704 试验保障中队	第 796 试验保障中队	第 896 试验保障中队	发射试验中队

第五部分　空军徽章标识

| 太空试验操作中队 | 太空试验中队 | 太空发展中队 |

22. 靶场中队徽章标识

| 第 30 靶场管理中队 | 第 45 靶场中队 | 第 46 靶场控制中队 |
| 第 81 靶场控制中队 | 第 266 靶场中队 | 第 379 太空靶场中队 |

23. 武器/弹药中队徽章标识

| 第 8 武器中队 | 第 14 武器中队 | 第 16 武器中队 | 第 17 武器中队 |
| 第 19 武器中队 | 第 26 武器中队 | 第 29 武器中队 | 第 34 武器中队 |

美军部队标识图鉴

第 57 武器中队	第 66 武器中队	第 83 武器中队	第 315 武器中队
第 328 武器中队	第 340 武器中队	第 417 武器中队	第 433 武器中队
第 509 武器中队	第 377 武器系统安全中队	第 2 弹药中队	第 5 弹药中队
第 7 弹药中队	第 9 弹药中队	第 15 弹药中队	第 16 弹药中队
第 17 弹药中队	第 18 弹药中队	第 19 弹药中队	第 31 弹药中队

第五部分　空军徽章标识

第 36 弹药中队	第 48 弹药中队	第 51 弹药中队	第 57 弹药中队
第 86 弹药中队	第 341 弹药中队	第 420 弹药中队	第 704 弹药中队
第 705 弹药中队	第 709 弹药中队	第 731 弹药中队	

24. 支援作战中队徽章标识

第 1 空中支援作战中队	第 2 空中支援作战中队	 第 3 空中支援作战中队	 第 5 空中支援作战中队
第 7 空中支援作战中队	第 9 空中支援作战中队	第 10 空中支援作战中队	第 11 空中支援作战中队

美军部队标识图鉴

第 13 空中支援作战中队 　　第 14 空中支援作战中队 　　第 15 空中支援作战中队

第 16 空中支援作战中队 　　第 17 空中支援作战中队 　　第 19 空中支援作战中队

第 20 空中支援作战中队 　　第 21 空中支援作战中队 　　第 24 空中支援作战中队

第 25 空中支援作战中队 　　第 72 远征空中支援作战中队 　　第 75 空中支援作战中队

第 84 远征空中支援作战中队 　　第 118 空中支援作战中队 　　第 122 空中支援作战中队

第五部分　空军徽章标识

第 146 空中支援作战中队 　　第 148 空中支援作战中队 　　第 165 空中支援作战中队

第 238 空中支援作战中队 　　第 604 空中支援作战中队 　　第 621 机动支援作战中队

第 682 空中支援作战中队 　　第 717 远征空中支援作战中队 　　第 730 远征空中支援作战中队

25. 作战支援中队徽章标识

第 1 作战支援中队 　　第 2 作战支援中队 　　第 3 作战支援中队 　　第 4 作战支援中队

第 5 作战支援中队 　　第 6 作战支援中队 　　第 7 作战支援中队 　　第 8 作战支援中队

美军部队标识图鉴

第 9 作战支援中队	第 12 作战支援中队	第 14 作战支援中队	第 15 作战支援中队
第 18 作战支援中队	 第 19 作战支援中队	 第 20 作战支援中队	第 21 作战支援中队
第 22 作战支援中队	第 23 作战支援中队	 第 24 作战支援中队	第 25 作战支援中队
 第 26 作战支援中队	第 28 作战支援中队	 第 30 作战支援中队	第 31 作战支援中队
第 33 作战支援中队	 第 34 作战支援中队	第 35 作战支援中队	第 36 作战支援中队

第五部分　空军徽章标识

第 37 作战支援中队	第 39 作战支援中队	第 42 作战支援中队	第 43 作战支援中队
 第 44 作战支援中队	 第 45 作战支援中队	 第 46 作战支援中队	 第 47 作战支援中队
 第 48 作战支援中队	第 49 作战支援中队	第 50 作战支援中队	第 51 作战支援中队
 第 52 作战支援中队	第 54 作战支援中队	 第 55 作战支援中队	第 56 作战支援中队
第 57 作战支援中队	第 58 作战支援中队	第 60 作战支援中队	 第 62 作战支援中队

361

美军部队标识图鉴

第 65 作战支援中队	第 67 作战支援中队	第 70 作战支援中队	第 72 作战支援中队
 第 75 作战支援中队	第 80 作战支援中队	第 88 作战支援中队	第 90 作战支援中队
 第 91 作战支援中队	第 91 作战支援中队	 第 92 作战支援中队	第 93 作战支援中队
第 96 作战支援中队	第 97 作战支援中队	第 98 作战支援中队	第 100 作战支援中队
 第 106 作战支援中队	第 108 作战支援中队	 第 125 作战支援中队	第 130 作战支援系统

第五部分　空军徽章标识

第 147 作战支援中队	第 151 作战支援中队	第 155 作战支援中队	第 157 作战支援中队
第 158 作战支援中队	第 162 作战支援中队	第 168 作战支援中队	第 176 作战支援中队
第 178 作战支援中队	第 305 作战支援中队	第 310 作战支援中队	第 313 远征作战支援中队
第 315 作战支援中队	第 317 作战支援中队	第 318 作战支援中队	第 319 作战支援中队
第 325 作战支援中队	 第 341 作战支援中队	第 347 作战支援中队	 第 351 作战支援中队

美军部队标识图鉴

第 352 作战支援中队	第 354 作战支援中队	第 355 作战支援中队	第 363 远征作战支援中队
第 366 作战支援中队	 第 374 作战支援中队	 第 375 作战支援中队	第 380 远征作战支援中队
第 386 远征作战支援中队	第 407 远征作战支援中队	第 412 作战支援中队	第 432 作战支援中队
第 433 作战支援中队	第 434 作战支援中队	 第 437 作战支援中队	第 445 作战支援中队
第 451 作战支援中队	第 452 作战支援中队	第 460 作战支援中队	第 461 作战支援中队

第五部分　空军徽章标识

第 479 作战支援中队	第 497 作战支援中队	第 509 作战支援中队	第 513 作战支援中队
第 548 作战支援中队	第 563 作战支援中队	第 582 作战支援中队	第 688 作战支援中队
第 720 作战支援中队	第 732 作战支援中队	第 755 作战支援中队	第 802 作战支援中队
第 811 作战支援中队	第 908 作战支援中队	第 911 作战支援中队	第 916 作战支援中队
第 927 作战支援中队	第 931 作战支援中队	第 934 作战支援中队	第 1 特种作战支援中队

美军部队标识图鉴

| 第 27 特种作战支援中队 | 第 137 特种作战支援中队 | 第 353 特种作战支援中队 | 第 492 特种作战支援中队 |

26. 部队支援中队徽章标识

| 第 5 部队支援中队 | 第 6 部队支援中队 |  第 7 部队支援中队 | 第 8 部队支援中队 |

| 第 9 部队支援中队 | 第 11 部队支援中队 | 第 14 部队支援中队 | 第 17 部队支援中队 |

| 第 19 部队支援中队 | 第 21 部队支援中队 | 第 22 部队支援中队 | 第 31 部队支援中队 |

| 第 42 部队支援中队 | 第 50 部队支援中队 | 第 52 部队支援中队 | 第 55 部队支援中队 |

第五部分　空军徽章标识

第 56 部队支援中队	第 60 部队支援中队	第 61 部队支援中队	第 66 部队支援中队
第 71 部队支援中队	第 72 部队支援中队	第 82 部队支援中队	第 87 部队支援中队
 第 88 部队支援中队	第 90 部队支援中队	第 92 部队支援中队	 第 95 部队支援中队
第 96 部队支援中队	第 97 部队支援中队	 第 99 部队支援中队	第 100 部队支援中队
第 310 部队支援中队	第 316 部队支援中队	第 325 部队支援中队	第 341 部队支援中队

367

美军部队标识图鉴

第 349 部队支援中队	第 366 部队支援中队	 第 375 部队支援中队	 第 377 部队支援中队
第 379 远征部队支援中队	第 407 远征部队支援中队	第 423 部队支援中队	第 439 部队支援中队
第 445 部队支援中队	第 452 部队支援中队	第 459 部队支援中队	第 460 部队支援中队
第 477 部队支援中队	 第 482 部队支援中队	第 509 部队支援中队	第 628 部队支援中队
第 633 部队支援中队	第 673 部队支援中队	第 707 部队支援中队	第 786 部队支援中队

第五部分 空军徽章标识

第 790 机动部队支援中队 　　第 802 部队支援中队 　　第 902 部队支援中队

第 916 部队支援中队 　　第 919 部队支援中队 　　第 926 部队支援中队 　　第 927 部队支援中队

第 931 部队支援中队 　　第 1 特种作战部队支援中队 　　第 27 特种作战部队支援中队

27. 任务保障中队徽章标识

第 1 任务保障中队 　　第 2 任务保障中队 　　第 3 任务保障中队 　　第 4 任务保障中队

第 5 任务保障中队 　　第 8 任务保障中队 　　第 9 任务保障中队 　　第 10 任务保障中队

美军部队标识图鉴

第 14 任务保障中队	第 15 任务保障中队	第 16 任务保障中队	第 17 任务保障中队
第 18 任务保障中队	第 22 任务保障中队	第 23 任务保障中队	第 24 任务保障中队
 第 26 任务保障中队	第 27 任务保障中队	第 28 任务保障中队	第 30 任务保障中队
第 31 任务保障中队	 第 35 任务保障中队	第 37 任务保障中队	第 39 任务保障中队
第 42 任务保障中队	第 43 任务保障中队	第 45 任务保障中队	第 47 任务保障中队

第五部分　空军徽章标识

第 48 任务保障中队 　第 49 任务保障中队 　第 50 任务保障中队 　第 51 任务保障中队

第 52 任务保障中队 　第 55 任务保障中队 　第 56 任务保障中队 　第 60 任务保障中队

第 62 任务保障中队 　第 63 任务保障中队 　第 64 任务保障中队 　第 65 任务保障中队

第 66 任务保障中队 　第 67 任务保障中队 　第 70 任务保障中队 　第 71 任务保障中队

第 75 任务保障中队 　第 81 任务保障中队 　第 82 任务保障中队 　第 85 任务保障中队

美军部队标识图鉴

第 86 任务保障中队	第 88 任务保障中队	 第 90 任务保障中队	第 92 任务保障中队
 第 93 任务保障中队	第 96 任务保障中队	第 97 任务保障中队	第 99 任务保障中队
第 100 任务保障中队	第 106 任务保障中队	第 111 任务保障中队	第 116 任务保障中队
 第 117 任务保障中队	第 128 任务保障中队	 第 130 任务保障中队	 第 154 任务保障中队
第 163 任务保障中队	第 169 任务保障中队	 第 176 任务保障中队	第 305 任务保障中队

第五部分　空军徽章标识

第 314 任务保障中队	第 315 任务保障中队	 第 319 任务保障中队	第 325 任务保障中队
第 334 任务保障中队	第 341 任务保障中队	 第 347 任务保障中队	第 349 任务保障中队
第 354 任务保障中队	第 355 任务保障中队	 第 363 任务保障中队	第 366 任务保障中队
 第 375 任务保障中队	第 377 任务保障中队	 第 384 任务保障中队	 第 410 任务保障中队
第 416 任务保障中队	第 432 任务保障中队	第 435 任务保障中队	第 436 任务保障中队

373

美军部队标识图鉴

第 437 任务保障中队	第 438 任务保障中队	第 439 任务保障中队	第 443 任务保障中队
第 446 任务保障中队	第 459 任务保障中队	第 460 任务保障中队	第 475 任务保障中队
第 482 任务保障中队	第 514 任务保障中队	第 554 任务保障中队	第 601 任务保障中队
第 633 任务保障中队	第 694 任务保障中队	第 750 任务保障中队	第 800 任务保障中队
第 814 任务保障中队	第 831 任务保障中队	第 833 任务保障中队	第 857 任务保障中队

第五部分　空军徽章标识

第 908 任务保障中队 　　第 910 任务保障中队 　　第 927 任务保障中队 　　第 931 任务保障中队

第 1003 任务保障中队 　　第 1100 任务保障中队 　　第 1605 任务保障中队 　　第 1776 任务保障中队

第 3200 任务保障中队 　　第 3415 任务保障部队 　　第 3498 任务保障中队 　　第 3750 任务保障中队

第 3800 任务保障中队 　　第 4392 任务保障中队 　　第 7100 任务保障中队 　　第 8201 任务保障中队

28．维护保养中队徽章标识

第 1 飞机维护中队 　　第 2 飞机维护中队 　　第 9 飞机维护中队 　　第 15 飞机维护中队

375

美军部队标识图鉴

第 19 飞机维护中队	第 23 飞机维护中队	第 28 飞机维护中队	第 31 飞机维护中队
第 35 飞机维护中队	第 46 飞机维护中队	第 49 飞机维护中队	第 51 飞机维护中队
第 54 飞机维护中队	第 55 飞机维护中队	 第 58 飞机维护中队	第 60 飞机维护中队
第 86 飞机维护中队	第 92 飞机维护中队	第 94 飞机维护中队	第 100 飞机维护中队
第 116 飞机维护中队	第 127 飞机维护中队	第 166 飞机维护中队	第 168 飞机维护中队

第五部分　空军徽章标识

第 192 飞机维护中队	第 305 飞机维护中队	第 314 飞机维护中队	第 315 飞机维护中队
第 354 飞机维护中队	第 355 飞机维护中队	第 374 飞机维护中队	第 380 远征飞机维护中队
第 432 飞机维护中队	第 433 飞机维护中队	第 436 飞机维护中队	第 437 飞机维护中队
第 455 远征飞机维护中队	第 509 飞机维护中队	第 513 飞机维护中队	第 514 飞机维护中队
第 552 飞机维护中队	第 605 飞机维护中队	第 655 飞机维护中队	第 703 飞机维护中队

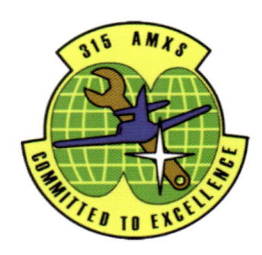

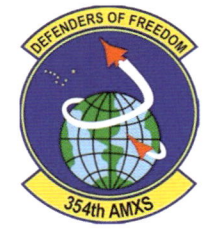

377

美军部队标识图鉴

第 718 飞机维护中队 　　第 723 飞机维护中队 　　第 730 飞机维护中队 　　第 752 飞机维护中队

第 755 飞机维护中队 　　第 757 飞机维护中队 　　第 849 飞机维护中队

第 860 飞机维护中队 　　第 911 飞机维护中队 　　第 916 飞机维护中队

第 923 飞机维护中队 　　第 926 飞机维护中队 　　第 944 飞机维护中队

第 1 特战飞机维护中队 　　第 353 特战飞机维护中队 　　第 727 特战飞机维护中队 　　第 801 特战飞机维护中队

第五部分　空军徽章标识

第 2 维护中队	第 3 维护中队	第 5 维护中队	第 8 维护中队
第 9 维护中队	第 15 维护中队	第 22 维护中队	第 28 维护中队
第 31 维护中队	第 35 维护中队	第 39 维护中队	第 49 维护中队
第 51 维护中队	第 55 维护中队	第 69 维护中队	第 86 维护中队
第 92 维护中队	第 96 维护中队	第 154 维护中队	 第 175 维护中队

美军部队标识图鉴

第 178 维护中队	第 317 维护中队	第 325 维护中队	第 332 远征维护中队
第 354 维护中队	第 388 维护中队	第 414 维护中队	第 432 维护中队
第 436 维护中队	第 437 维护中队	第 461 维护中队	第 476 维护中队
第 509 维护中队	第 552 维护中队	第 563 维护中队	第 707 维护中队
第 741 维护中队	第 823 维护中队	第 913 维护中队	第 916 维护中队

第五部分　空军徽章标识

第 943 维护中队	第 944 维护中队	第 1 特种作战维护中队	第 353 特种作战维护中队
第 1 设备维护中队	第 7 设备维护中队	第 18 设备维护中队	第 19 设备维护中队
第 23 设备维护中队	第 355 设备维护中队	第 366 设备维护中队	第 1 特种作战设备维护中队
第 7 部件维护中队	第 18 部件维护中队	第 56 部件维护中队	 第 355 部件维护中队
第 572 商品维护中队	第 607 物资维护中队	 第 5 弹药维护中队	第 91 导弹维护中队

美军部队标识图鉴

第 1 维护作业中队	第 3 维护作业中队	第 8 维护作业中队	第 9 维护作业中队
第 31 维护作业中队	第 55 维护作业中队	第 86 维护作业中队	第 92 维护作业中队
第 355 维护作业中队	 第 374 维护作业中队	第 437 维护作业中队	第 552 维护作业中队

29. 医疗/救护中队徽章标识

第 1 特种作战航空医疗中队	第 9 航空医疗中队	第 18 航空医疗中队	第 19 航空医疗中队
第 20 航空医疗中队	第 21 航空医疗中队	第 22 航空医疗中队	 第 23 航空医疗中队

第五部分　空军徽章标识

第 35 航空医疗中队	第 43 航空医疗中队	第 55 航空医疗中队	第 60 航空医疗中队
第 82 航空医疗中队	第 86 航空医疗中队	第 87 航空医疗中队	第 92 航空医疗中队
第 95 航空医疗中队	第 96 航空医疗中队	第 99 航空医疗中队	第 302 航空医疗中队
第 315 航空医疗中队	第 354 航空医疗中队	第 355 航空医疗中队	第 439 航空医疗中队
第 628 航空医疗中队	第 673 航空医疗中队	第 926 航空医疗中队	第 931 航空医疗中队

383

美军部队标识图鉴

第 943 航空医疗中队	第 34 医疗中队	第 44 医疗中队	第 61 医疗中队
第 86 医疗中队	第 151 医疗中队	第 423 医疗中队	第 440 医疗中队
第 455 远征医疗中队	第 507 医疗中队	第 509 医疗中队	第 752 医疗中队
第 1 特种作战医疗作业中队	第 2 医疗作业中队	第 4 航空医疗作业中队	第 5 医疗作业中队
第 8 医疗作业中队	第 9 医疗作业中队	第 10 医疗作业中队	 第 12 医疗作业中队

第五部分　空军徽章标识

第 14 医疗作业中队	第 17 医疗作业中队	第 18 医疗作业中队	第 27 医疗作业中队
第 28 医疗作业中队	第 30 医疗作业中队	 第 33 医疗作业中队	第 48 医疗作业中队
第 56 医疗作业中队	第 59 医疗作业中队	第 65 医疗作业中队	 第 86 医疗作业中队
第 88 医疗作业中队	第 97 医疗作业中队	第 355 医疗作业中队	 第 374 医疗作业中队
第 436 医疗作业中队	第 460 医疗作业中队	第 462 医疗作业中队	第 628 医疗作业中队

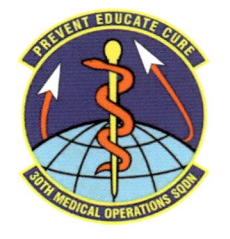

385

美军部队标识图鉴

第 1 特种作战医疗支援中队 　第 1 医疗支援中队 　第 2 医疗支援中队 　第 8 医疗支援中队

第 9 医疗支援中队 　第 10 医疗支援中队 　第 11 医疗支援中队 　第 23 医疗支援中队

第 28 医疗支援中队 　第 30 医疗支援中队 　第 31 医疗支援中队 　第 35 医疗支援中队

第 48 医疗支援中队 　第 49 医疗支援中队 　第 52 医疗支援中队 　第 60 医疗支援中队

第 65 医疗支援中队 　第 71 医疗支援中队 　第 82 医疗支援中队 　第 86 医疗支援中队

第五部分　空军徽章标识

第 87 医疗支援中队	第 95 医疗支援中队	第 97 医疗支援中队	第 99 医疗支援中队
第 319 医疗支援中队	第 325 医疗支援中队	第 341 医疗支援中队	第 354 医疗支援中队
第 359 医疗支援中队	第 366 医疗支援中队	第 374 医疗支援中队	第 460 医疗支援中队
第 509 医疗支援中队	第 633 医疗支援中队	第 673 医疗支援中队	第 9 心理支援中队
第 1 航空医疗后送中队	第 18 航空医疗后送中队	第 21 航空医疗后送中队	第 34 航空医疗后送中队

美军部队标识图鉴

第 36 航空医疗后送中队 　　第 45 航空医疗后送中队 　　第 60 航空医疗后送中队 　　第 86 航空医疗后送中队

第 94 航空医疗后送中队 　　第 146 航空医疗后送中队 　　第 187 航空医疗后送中队 　　第 315 航空医疗后送中队

第 349 航空医疗后送中队 　　第 375 航空医疗后送中队 　　第 375 航空医疗后送训练中队

第 379 远征航空医疗后送中队 　　第 445 航空医疗后送中队 　　第 446 航空医疗后送中队

第 452 航空医疗后送中队 　　第 514 航空医疗后送中队 　　第 622 航空医疗后送中队

第五部分　空军徽章标识

第 755 远征航空医疗后送中队 　　　第 908 航空医疗后送中队 　　　第 932 航空医疗后送中队

第 413 航空医疗转送中队 　　　　　　第 911 航空医疗转送中队

第 3 牙医中队 　　　第 11 牙医中队 　　　第 15 航空医疗牙医中队 　　　第 18 牙医中队

第 20 牙医中队 　　　第 31 牙医中队 　　　第 35 牙医中队 　　　第 45 航空医疗牙医中队

第 49 航空医疗牙医中队 　　　第 51 牙医中队 　　　第 59 牙医中队 　　　第 60 牙医中队

美军部队标识图鉴

| 第74牙医中队 | 第81牙医中队 | 第82牙医中队 | 第96牙医中队 |

| 第99牙医中队 | 第374牙医中队 | 第437航空医疗牙医中队 |

30. 安全部队中队徽章标识

| 第1特种作战安全部队中队 | 第2安全部队中队 | 第7安全部队中队 | 第8安全部队中队 |

| 第9安全部队中队 | 第14安全部队中队 | 第17安全部队中队 | 第18安全部队中队 |

| 第19安全部队中队 | 第21安全部队中队 | 第23安全部队中队 |

第五部分　空军徽章标识

第 31 安全部队中队 　　第 35 安全部队中队 　　第 39 安全部队中队

第 42 安全部队中队 　　第 47 安全部队中队 　　第 50 安全部队中队

第 51 安全部队中队 　　第 60 安全部队中队 　　第 65 安全部队中队 　　第 66 安全部队中队

第 75 安全部队中队 　　第 81 安全部队中队 　　第 82 安全部队中队 　　第 86 安全部队中队

第 87 安全部队中队 　　第 90 安全部队中队 　　第 96 安全部队中队 　　第 97 安全部队中队

美军部队标识图鉴

第 99 安全部队中队	第 117 安全部队中队	第 204 安全部队中队	第 319 安全部队中队
第 325 安全部队中队	第 341 安全部队中队	第 354 安全部队中队	第 355 安全部队中队
第 366 安全部队中队	 第 374 安全部队中队	 第 377 安全部队中队	第 380 远征安全部队中队
第 407 远征安全部队中队	 第 412 安全部队中队	第 422 安全部队中队	第 423 安全部队中队
第 436 安全部队中队	第 451 安全部队中队	第 482 安全部队中队	第 502 安全部队中队

第五部分　空军徽章标识

| 第 532 远征安全部队中队 | 第 610 安全部队中队 | 第 628 安全部队中队 | 第 633 安全部队中队 |

| 第 647 安全部队中队 | 第 673 安全部队中队 | 第 736 安全部队中队 |

| 第 786 安全部队中队 | 第 802 安全部队中队 | 第 811 安全部队中队 |

| 第 902 安全部队中队 | 第 931 安全部队中队 | 第 90 导弹安全部队中队 |

| 第 741 导弹安全部队中队 |  第 790 导弹安全部队中队 | 第 791 导弹安全部队中队 |

美军部队标识图鉴

| 第 90 安全支援中队 | 第 341 安全支援中队 | 第 377 安全支援中队 |

31. 后勤战备中队徽章标识

第 1 后勤战备中队	第 2 后勤战备中队	第 7 后勤战备中队	第 8 后勤战备中队
第 9 后勤战备中队	第 10 后勤战备中队	第 11 后勤战备中队	第 14 后勤战备中队
第 17 后勤战备中队	第 18 后勤战备中队	第 21 后勤战备中队	第 22 后勤战备中队
第 23 后勤战备中队	第 28 后勤战备中队	第 30 后勤战备中队	第 31 后勤战备中队

第五部分　空军徽章标识

第 35 后勤战备中队	第 36 后勤战备中队	第 39 后勤战备中队	第 49 后勤战备中队
第 51 后勤战备中队	第 52 后勤战备中队	第 55 后勤战备中队	第 56 后勤战备中队
第 65 后勤战备中队	第 66 后勤战备中队	第 81 后勤战备中队	第 82 后勤战备中队
第 86 后勤战备中队	第 87 后勤战备中队	第 88 后勤战备中队	第 92 后勤战备中队
第 96 后勤战备中队	第 97 后勤战备中队	第 99 后勤战备中队	第 100 后勤战备中队

395

美军部队标识图鉴

第 136 后勤战备中队	第 173 后勤战备中队	第 175 后勤战备中队	第 176 后勤战备中队
第 193 后勤战备中队	第 315 后勤战备中队	第 319 后勤战备中队	第 325 后勤战备中队
第 341 后勤战备中队	第 355 后勤战备中队	第 366 后勤战备中队	第 374 后勤战备中队
第 376 远征后勤战备中队	第 377 后勤战备中队	第 419 后勤战备中队	第 434 后勤战备中队
第 455 远征后勤战备中队	第 502 后勤战备中队	第 509 后勤战备中队	第 512 后勤战备中队

第五部分　空军徽章标识

第 514 后勤战备中队 　　第 627 后勤战备中队 　　第 628 后勤战备中队

第 633 后勤战备中队 　　第 773 后勤战备中队 　　第 802 后勤战备中队

第 902 后勤战备中队 　　第 916 后勤战备中队 　　第 934 后勤战备中队

第 944 后勤战备中队 　　第 1 特种作战后勤战备中队 　　第 137 特种作战后勤战备中队

32. 空军基地中队徽章标识

第 420 空军基地中队 　　第 421 空军基地中队 　　第 422 空军基地中队 　　第 423 空军基地中队

美军部队标识图鉴

第 424 空军基地中队 　　第 425 空军基地中队 　　第 426 空军基地中队

第 475 远征空军基地中队 　　第 612 空军基地中队 　　第 799 空军基地中队

33. 土木工程中队徽章标识

第 1 特种作战土木工程中队 　　第 4 土木工程中队 　　第 9 土木工程中队 　　第 14 土木工程中队

第 17 土木工程中队 　　第 18 土木工程中队 　　第 19 土木工程中队 　　第 23 土木工程中队

第 30 土木工程中队 　　第 35 土木工程中队 　　第 38 工程中队 　　第 42 土木工程中队

第五部分　空军徽章标识

第 43 土木工程中队	第 49 土木工程中队	第 50 土木工程中队	第 60 土木工程中队
第 61 土木工程及后勤中队	第 65 土木工程中队	 第 86 土木工程中队	第 87 土木工程中队
第 88 土木工程中队	第 92 土木工程中队	第 97 土木工程中队	第 99 土木工程中队
第 100 土木工程中队	第 325 土木工程中队	第 354 土木工程中队	第 355 土木工程中队
第 366 土木工程中队	第 374 土木工程中队	第 422 土木工程中队	第 502 土木工程中队

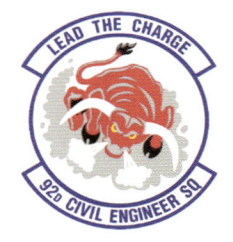

399

美军部队标识图鉴

| 第 509 土木工程中队 | 第 627 土木工程中队 | 第 628 土木工程中队 | 第 633 土木工程中队 |

| 第 673 土木工程中队 | 第 718 土木工程中队 | 第 773 土木工程中队 | 第 788 土木工程中队 |

| 第 802 土木工程中队 | 第 915 土木工程中队 | 第 940 土木工程中队 | 第 201 红马中队 |

| 第 554 红马中队 | 第 555 红马中队 | 第 557 远征红马中队 | 第 560 红马中队 |

| 第 567 红马中队 | 第 819 红马中队 | 第 820 红马中队 | 第 823 红马中队 |

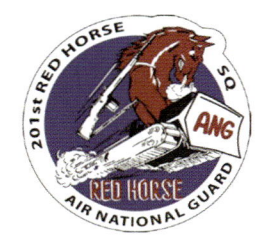

第五部分　空军徽章标识

34. 航空港中队徽章标识

第 3 航空港中队	第 7 航空港中队	第 8 航空港中队	第 25 航空港中队
第 26 航空港中队	第 27 航空港中队	第 28 航空港中队	第 33 航空港中队
第 35 航空港中队	第 36 航空港中队	第 38 航空港中队	第 39 航空港中队
第 41 航空港中队	第 50 航空港中队	第 56 航空港中队	第 60 航空港中队
第 69 航空港中队	第 70 航空港中队	 第 73 航空港中队	第 74 航空港中队

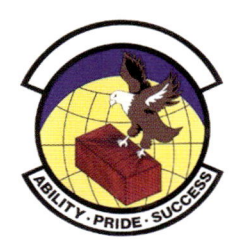

美军部队标识图鉴

第 80 航空港中队	第 81 航空港中队	第 82 航空港中队	第 86 航空港中队
第 96 航空港中队	第 143 航空港中队	第 305 航空港中队	第 436 航空港中队

35. 合同中队徽章标识

第 1 特种作战合同中队	第 2 合同中队	第 5 合同中队	第 9 合同中队
 第 11 合同中队	第 14 合同中队	第 17 合同中队	 第 18 合同中队
第 20 合同中队	第 23 合同中队	第 30 合同中队	第 31 合同中队

第五部分　空军徽章标识

第 35 合同中队	第 38 合同中队	第 48 合同中队	第 49 合同中队
第 50 合同中队	第 56 合同中队	第 61 合同中队	第 81 合同中队
第 82 合同中队	第 87 合同中队	第 92 合同中队	第 319 合同中队
第 325 合同中队	第 341 合同中队	第 354 合同中队	第 355 合同中队
第 366 合同中队	第 374 合同中队	第 436 合同中队	第 502 合同中队

403

美军部队标识图鉴

第 509 合同中队	第 633 合同中队	第 673 合同中队	 第 700 合同中队
第 763 专项合同中队	第 766 专项合同中队	第 802 合同中队	第 902 合同中队

36. 审计中队徽章标识

第 1 特种作战审计中队	第 3 审计中队	第 4 审计中队	第 5 审计中队
第 7 审计中队	第 8 审计中队	第 9 审计中队	第 15 审计中队
第 17 审计中队	第 22 审计中队	第 28 审计中队	第 30 审计中队

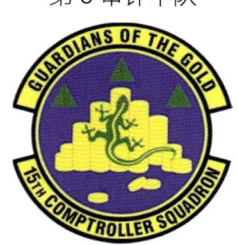

第五部分　空军徽章标识

第 31 审计中队	第 35 审计中队	第 36 审计中队	第 49 审计中队
第 50 审计中队	第 56 审计中队	 第 62 审计中队	第 65 审计中队
第 67 审计中队	第 71 审计中队	第 75 审计中队	第 78 审计中队
第 81 审计中队	第 82 审计中队	第 89 审计中队	第 90 审计中队
第 92 审计中队	第 97 审计中队	第 99 审计中队	第 100 审计中队

405

美军部队标识图鉴

| 第 305 审计中队 | 第 314 审计中队 | 第 325 审计中队 | 第 341 审计中队 |

| 第 354 审计中队 | 第 355 审计中队 | 第 366 审计中队 | 第 374 审计中队 |

| 第 375 审计中队 | 第 377 审计中队 | 第 379 远征审计中队 | 第 412 审计中队 |

| 第 502 审计中队 | 第 509 审计中队 | 第 628 审计中队 |

| 第 673 审计中队 | 第 802 审计中队 | 第 902 审计中队 |

第五部分　空军徽章标识

37. 应急响应中队徽章标识

| 第 36 应急响应中队 | 第 321 应急响应中队 | 第 433 应急响应中队 | 第 435 应急响应中队 |

| 第 621 应急响应中队 | 第 821 应急响应中队 | 第 921 应急响应中队 | 第 821 应急响应支援中队 |

38. 人力需求中队徽章标识

| 第 1 人力需求中队 | 第 2 人力需求中队 | 第 3 人力需求中队 |

| 第 4 人力需求中队 | 第 6 人力需求中队 | 第 7 人力需求中队 |

39. 其他中队徽章标识

第 1 服务中队	第 100 服务中队	第 314 服务队	第 43 后勤支援中队

第 438 供应链中队	第 136 空运控制中队	第 709 核系统中队	第 953 后备中队

反侵权盗版声明

　　电子工业出版社依法对本作品享有专有出版权。任何未经权利人书面许可，复制、销售或通过信息网络传播本作品的行为；歪曲、篡改、剽窃本作品的行为，均违反《中华人民共和国著作权法》，其行为人应承担相应的民事责任和行政责任，构成犯罪的，将被依法追究刑事责任。

　　为了维护市场秩序，保护权利人的合法权益，我社将依法查处和打击侵权盗版的单位和个人。欢迎社会各界人士积极举报侵权盗版行为，本社将奖励举报有功人员，并保证举报人的信息不被泄露。

举报电话：（010）88254396；（010）88258888
传　　真：（010）88254397
E-mail：　dbqq@phei.com.cn
通信地址：北京市万寿路 173 信箱
　　　　　电子工业出版社总编办公室
邮　　编：100036